KB066635

진정한 어른이 되기 위한 55가지 인생 수업

나는 현명하게 나이 들고 싶다

진 정 한 어 른 이 되 기 위 한 5 5 가 지 인 생 수 업

나는
현명하게
나이 들고
싶다

장성숙 지음

40년간 상담을 해오면서
당신에게 전해주고 싶었던 인생 이야기

태어난 이상 우리는 수없이 엎어지고 일어서기를 반복하며 성장한다. 유아기를 어느 정도 보낸 뒤 취학하면서부터는 미래를 위한 공부에 여념이 없다. 성인이 된 후에는 부모 곁을 떠나 세상으로 나가는 데 그곳은 온갖 게 난무하는 정글과 다름없다. 뒤처지지 않고자 노력하며 갖은 시행착오를 겪다 제법 지낼 만하면 어느새 인생의 내리막길에 서 있다.

어쩔 수 없이 맞게 되는 노년기, 흰 머리카락이 생기는 가 하면 건강도 예전 같지 않다. 아울러 직장에서도 물러나 게 된다.

그런데 오늘날은 100세를 사는 시대란다. 배우며 준비 하느라 정신없는 삶의 초반부 30년, 왕성하게 활동하며 자 녀를 키우기에 여념 없는 삶의 중반부 30년, 그 못지않게 긴 30~40년이나 되는 삶의 후반부를 맞는 셈이다.

뭐가 뭔지 모르고 사는 삶의 초반부, 태산처럼 든든 하게 여겼던 부모도 때때로 실수한다는 사실을 알아간 다. 나아가 같은 배를 탄 가족 중에 누구라도 무사하지 않 으면 다 함께 고통스러워진다는 것도 깨우친다. 어디 그뿐 인가. 학교에 다니기 시작하면서부터는 우열을 가리느라 바둥대는 나날이고, 혹시 전학이라도 가면 낯선 상황에서 숨죽일 수밖에 없다. 우리 사회에서 대 관문인 대학교, 자신이 원한다고 갈 수 있는 게 아니라 능력에 따라 진학한다는 사실 앞에서 쓴맛이 무엇인지 배운다. 뛰어넘을 수 없는 벽이 있다는 것을 아프게 터득한다.

정신없이 바쁘게 지내는 삶의 중반부에는 모든 게 역량에 따라 다르게 펼쳐진다. 무슨 일을 하며 누구와 어울리는지 등 삶의 수준과 그에 따른 높낮이가 정해지는데, 그 모든 것을 받아들이지 않으면 견디기 어렵다. 거기다 책무는 얼마나 많이 주어지는지. 지뢰밭을 걷듯 한발 한발 조심스럽게 내디디지 않으면 안 된다. 그렇더라도 인생의 절정기는 이 시기다. 태양이라도 딸 듯이 나대도 보고, 사랑의 아픔에 목 놓아 울기도 하고, 암초에 걸려 고꾸라지기도 하고⋯. 그렇게 요란을 떨며 비로소 우리는 풋내를 벗으며 영글어간다.

마침내 삶의 후반기를 맞이하는 사람들에게는 "이제야말로 자신을 위한 시간을 갖게 되었으니 기뻐하십시오."라고 말하고 싶다. 잘 살았든 못 살았든 모든 것을 뒤로하고 여유를 맞이하니 이 어찌 기쁘지 아니한가. 이제야말로 자유를 구가하며 그동안 해보지 못한 것들을 해볼 수 있는 시간을 맞이한 셈이다. 안달하며 경쟁하거나 책무에 시달리지 않아도 되고, 지난 삶을 하나의 의미로 묶어낼 수 있는 절호의 시간이다. 이 시기에 다다라서는 굳이 마음을 다잡지 않아도 그러려니 하고 넘어가는 게 가능하고, 애타게 원하는 게 없어진 덕분에 되어가는 대로 바라볼 수 있다. 그리하여 나도 편하고 주위도 편하니 이것이야말로 나이와 세월이 주는 선물이지 싶다.

그동안 40년 가까이 상담 활동을 해오면서 무수히 많은 사람의 애환을 접해왔다. 우열의 아픔, 사랑과 배신, 소외감과 외로움 등 인생의 고락을 접하면서 그때그때 드는 생각을 써보곤 했다. 출판을 통해 많은 사람과 생각을 나눌 수 있어 그저 기쁘고 송구스럽다. 삶을 살아가다가 힘들 때 이 책이 인생 선배의 따듯한 조언처럼 조금이나마 힘이 되었으면 한다.

인생 경력 70년. 요즘 같은 시대에 그리 많은 나이는 아니지만 그래도 지난날을 회상하며 이렇게 말할 여유를 부려본다. 인생이란 다름 아니라 우여곡절의 부침이라고.

이래저래 겪는 모든 힘겨움, 어쩌면 그 자체가 성장을 위한 기본인지도 모른다. 아픔 없이 어떻게 어른이 되겠는가.

누구나 한번쯤은 어른이 되어서도 진정한 어른의 모습은 무엇일까, 골몰해보곤 한다. 나도 어른의 역할과 안목에 대해 역설하곤 하지만 나 역시도 진짜 어른이란 무엇일까 어려울 때가 있다. 그래도 작은 소망 하나쯤은 품고 산다. 현명하게 나이 들고 싶다.

인생을 그나마 어엿하게 살고자 한다면 무엇보다 욕심덩어리인 '나'를 내려놓고자 노력해야 한다. 욕심을 낸다고 잘되는 것도 아니다. 오히려 그만큼 고달파지기나 할 따름이다. 모든 것은 그 나름의 특성이나 조건에 맞게 진행되고 펼쳐진다.

어차피 시간이 다하면 빈손으로 퇴장하고 마는데 무엇을 그리 욕심낸단 말인가. 마음을 비우고 소박하게 살면 그런대로 살 만하지 않겠나 싶다.

2023년 11월
장성숙

차례

2장 ◆ 인생의 중반부

사람의 마음을 얻는 것이 가장 값지다

3장 ◆ 인생의 후반부

평범함이 가진 가치에 대해 곱씹다

1장

◆

자신을 기꺼이 끌어안는다

사람에게 가장 중요한 것은 사람이다

　어떤 이유 때문이든 많은 사람들이 정신 건강에 관심을 두고 있지만, 정신 건강을 어떻게 규정하느냐에 대해서는 의견이 분분하다. 고통을 수반하는 신체적 불건강은 즉시 알아차릴 수 있는 반면, 정신적 불건강은 점진적인데다 그 폐해가 전방위적이기 때문이다. 심지어 그 폐해에 적응된 나머지 으레 그러려니 하고 살아가기도 한다.

　정신 건강을 다루는 일을 하고 있는 나도 매번 다르게 설명하고 있다. 정신적 불건강에 대하여 어떨 때는 얼마나 잘 뻗치느냐와 비례하는 것이라고 하기도 하고, 또 어떤 사람에게는 대화가 잘 되는지 아닌지로 가늠한다고 말하기도 한다. 특히 학문적으로 논할 때는 정서적 성숙의 정도, 감정의 결여가 없음, 현실 왜곡이 없음을 기준으로 삼는다고 설명하고 있다. 그런데 엊그제는 또 다른 식으로 말했다.

어떤 내담자가 상담을 요청했다. 그녀가 나가는 독서 모임은 회원 대다수가 육아로 직장 생활을 접은 부인들이라고 했다. 그들 중 한 사람이 괜찮아 보여 언니라고 부르며 따랐다고 한다.

그런데 그 언니라는 사람이 얼마 전 독서 모임에서 논평을 하는데 어찌나 기기묘묘하게 후벼 파던지, 그만 질리고 말았다. '아니, 어쩌자고 저토록 비판적이지?' 하는 의문과 함께 정이 떨어질 정도였단다.

무슨 말인지 퍼뜩 알아들은 나는 웃고 말았다. 기회만

있으면 잘난 척하려 드는 게 중생이라고, 그 언니라는 사람도 자신이 잘났다는 것을 과시하기 위해 그렇게 혹평을 가하지 않았나 싶었다. 고개를 끄덕이고 있는 내게 내담자가 물었다.

"선생님, 그 언니는 도대체 왜 그렇게 비판적으로 구는 걸까요?"

"자신이 그만큼 똑똑하다는 것을 내보이고 싶었나 보지요."

"아, 그런 것 같네요."

내담자는 이해가 간다는 식으로 동조하다가 다시금 정색하며 물었다.

"대체 어떤 심리에서 그토록 자신을 과시하려 드는 걸까요?"

"글쎄요. 뭔가 허하니까 자기가 잘하는 분야에서 그런 식으로 자기를 내세우며 채우는 것 아닐까요?"

"그래도 그 언니는 다른 부인들처럼 그렇게 나대는 것 같지 않아 호감을 느꼈었는데….."

"지적인 게 받쳐주는 사람은 물체를 통해서가 아니라 무형의 것으로 자기를 돋보이려는 경향을 보입니다. 예를 들어 뭔가를 만드는 재능을 지녔다면 예술 방면에서 욕심을 부리지요."

내담자와 이런 이야기를 나누면서 나는 다시금 '건강과 불건강의 차이'를 가르는 게 무엇일까 생각해보았다. 이번에는 '사회성의 여부'로 그것을 가름해보았다. 사회성이 강한 사람, 즉 사람들과 잘 어울리는 사람은 그때그때 속을 채울 수 있어 굳이 자기를 돋보이려 애쓰지 않는다. 그럴 필요가 없기 때문이다.

하지만 사람들과 소원한 사람은 그만큼 외롭거나 허해서 자기도 모르게 메우는 방법을 찾게 마련이다. 그 방식은 각자의 성향이나 여건 또는 수준에 따라 다르다. 먹는 것으로 채우기도 하고, 경제적 여유가 있으면 사치로 자신을 드러내기도 하고, 아니면 그 언니라는 사람처럼 자신 있는 분야에서 맹위를 떨치려고 안간힘을 쓰기도 한다.

다시 한번. 사람에게 가장 중요한 대상은 사람이라는 사실을 깨닫는다. 사람은 사회적 존재로서 친애 욕구가 충족돼야 살맛을 느끼는 까닭이다. 친애 욕구가 채워지지 않으면 궤도 이탈을 하듯 이상한 짓을 하고 만다. 쉽사리 삐치기도 하고, 대화에서 상호작용을 제대로 하지 못하고, 상황에 맞지 않는 정서를 표출하기도 한다.

결국 모든 부자연스러움의 근원은 부모나 가족과의 애착 관계 부실에서 비롯한 사회성 여부로 돌릴 수 있다. 인간관계에서 헛헛해지면 그만큼 엉뚱한 짓을 하고 마는 우리, 만물의 영장이라고 일컬어지기도 하지만 형편없이 약한 존재가 바로 사람이지 싶다.

심리학자의 한마디

사람은 사회적 존재로서 다른 사람들과 잘 지내고자 하는 '친애 욕구'를 지니고 있습니다. 그것이 채워지지 않으면 위축되기 마련이니 측근 사람들에게 부디 너그럽게 대해주세요.

자발적 동기의 중요성

요즈음 상담을 받으러 오는 젊은이들 가운데는 꽤나 우수한데도 열등감에 시달리는 이들이 많다. 의대에 입학했는데 명문 의과대학이 아니라든가, 명문대에 다녀도 인기 학과가 아니라는 이유 등으로 주눅 들어 있다. 그러다가 크게 스트레스를 받는 일이 생기면 우울감을 보이거나, 사람을 피해 잠적하거나, 아니면 강박적으로 어딘가에 몰두하는 식의 다양한 증상을 보인다.

그 정도면 상당히 우수한 성과를 냈는데 정작 본인들은

위축되어 있으니…. 이런 젊은이들이 지닌 특색 중 하나는 부모가 명문대 출신이거나 전문직에 종사하는 이들이 많다는 사실이다. 그들의 부모는 유리한 고지를 점하며 살았던 분들로서 자녀들도 자기네처럼 꿀림 없이 살기를 바란다. 부모에게서 공부 잘하는 DNA를 물려받은 덕분에 자녀들도 우수한 성적을 내는 편이다. 하지만 우리 사회의 경쟁이 워낙 치열한 탓에 근소한 차이로 밀리기 일쑤고, 그 결과 주눅이 든다.

엊그제도 한참 패기 있어야 할 20대 청년이 기죽어 있는 모습으로 나타났다. 우리나라에서 최고라는 대학교에 재학 중인 그는 전문직 시험을 앞두고 강박증에 시달렸다. 그에게 공부가 벅차냐고 묻자, 그는 자기의 무기가 공부라며 나의 말을 반박했다.

그런데 대체 무엇 때문에 그렇게 주눅 들었는지 살펴보니, 공부를 잘하지만 뭔가 2퍼센트 부족하다는 사실에 마음이 짓눌려 있었다. 수시로 부족한 2퍼센트를 원수처럼 여기고 툭하면 그 생각과 싸웠다.

그 부족한 게 뭘까 고심하다가 어느 시점에서 나는 '아하!' 하고 무릎을 쳤다. 공부를 잘하는 편이긴 했지만, 자발적인 동기로 공부를 한 게 아니라 부모에게 맞추는 식으로 해온 것이다. 그런 이유로 막바지에 치고 나가는 적극성, 즉 맹렬함을 발휘하지 못해 그는 자기가 원하던 학과에 진학하지 못했고, 그것을 대학 생활 내내 열등감으로 느끼며 살았다. 그는 곧 보게 될 전문직 시험에서도 간발의 차이로 떨어질까 봐 노이로제 증상을 보이고 있었다.

혹시나 해서 그가 자란 과정을 살펴보니 과연 짐작한 대로였다. 잘난 그의 부모는 언제나 앞장서서 아들을 진두지휘했고, 아들은 시키는 대로 무조건 따랐다. 아들을 생동감 있게 키우는 게 아니라 자기들이 누렸던 우월감을 맛보게 하려고 갖은 애를 썼던 것으로 보였다. 그렇게 한 결과 아들은 공부를 잘하는 편이긴 하지만 밀어붙이는 내적 동기가 약했고, 심지어 신경증을 앓고 있었다.

뭔가를 할 때는 외적인 요인에 의해서가 아니라 자발적 동기를 따라야 지속성을 유지할 수 있고, 즐거울 수 있고, 적극성을 발휘할 수 있다. 나는 그 청년에게 문제점을 설명하며 '자발적인 동기'에 근거해 하고 싶은 것을 해야 한다고 일러주었다. 언제 어디서든 자기 정신으로 살아야지 남의 정신으로 살면 성공하기 어렵다고 말했다.

그러자 그는 어떻게 해야 자기 정신으로 살 수 있느냐고 물었다. 나는 남의 평가나 인정에 목매지 않고, 자기가 원하는 바를 하면 된다고 대답해줬다. 하지만 그는 자기가 무엇을 원하는지 잘 모르겠다며 다시 설명해달라고 요청했다.

어떻게 설명해야 그가 잘 알아들을지를 고심하다 나는 이렇게 말했다. 자기 정신으로 살기 위해서는 일단 자신감을 키워야 한다고. 자신감이란 글자 그대로 자기를 믿는 힘이라고. 여기에서 자기라는 것을 복잡하게 생각하면 끝이 없으니 단순하게 자신의 감정과 생각을 그것의 대표치로 삼자고. 그런 다음 그때그때 자신의 감정이나 생각을 표현하라고. 그렇게 하는 과정에서 주위 사람들로부터 합당하다고 인정받으면 그렇게 느끼거나 생각해도 된다는 안도감을 얻는다고. 그런 식으로 나아가다 보면 점점 자기주장에 탄력을 받고 그것에 기초해 비로소 자기가 원하는 게 어떤 것인지 서서히 자각할 수 있다고 설명해주었다.

자녀가 자발적인 동기를 갖기도 전에 부모가 앞장서서 이끌다 자녀를 소극적인 사람으로 만들어버리는 경우가 꽤 있다. 자녀를 잘 키우고 싶은 욕심으로 그런 오류를 범하는데, 과연 자녀를 위한 것인지 다시금 진지하게 살펴봤으면 좋겠다.

자녀를 잘 키운다는 것은 다른 무엇보다 자녀가 생동감을 지니도록 해주는 게 아닐까. 생동감이 있어야 이 세상을 좀 더 주체적으로 살고, 나아가 새로운 일을 힘겨워하기보다 즐거운 마음으로 도전할 수 있다.

심리학자의 한마디

많은 부모가 느긋하게 자녀가 성장하는 것을 바라보지 못하고 한발 앞서서 이끌려고 합니다. 그러나 무엇이든 자기의 내재적 동기, 즉 자기가 하고 싶은 마음으로 할 때 가장 강력한 힘을 낸다는 것을 잊지 마세요.

세대 간의 갈등을 피하는 법

사람이 사람답게 살아가기 위해서는 여러모로 다듬어져야 한다. 다듬는다는 것은 무수한 질타와 비평 속에서 꼴을 갖추어간다는 의미다. 이것이 현대사회에 이르러서는 여의치 않은 것 같다.

얼마 전 내게 상담을 받는 젊은 여성이 말끝에 부모와 다투었다고 말했다. 무슨 일 때문이냐고 묻자, 남자친구와 1박 2일로 놀러 갔다 오겠다고 하니까 부모가 허락을 해주지 않아 싸웠다고 대꾸했다. 아무렇지도 않게 말하는 그녀의 태도에 놀라 어떻게 부모에게 그런 말을 할 수 있냐고 물었다. 그러자 그녀는 나를 빤히 쳐다보면서 친구들과 놀러 간다고 해도 꼬치꼬치 캐물으며 의심할 게 뻔해 그냥 있는 대로 말했단다. 거짓말을 하느니 차라리 솔직한 게 낫다고 여겼다는 것이다.

나는 순간적으로 뭐라고 말할지 떠오르지 않아 주춤했다. 이윽고 그녀에게 거짓말을 하고 안 하고의 문제가 아니라 위아래를 식별하지 못하는 태도가 되바라져 보인다고 일침을 놓았다. 아무리 부모가 못났어도 어른 위치에 있는 분들에게 어떻게 그런 말을 하느냐고, 또 그런 말을 하는 딸을 수용하는 부모가 어디 있느냐고 의문을 제기했다.

그런데도 그녀가 나의 말을 수긍하지 않아 급기야 가정교육의 부재 속에서 자기 멋대로 자란 잡초 같다고 수위를 높여 질타했다. 그러자 그녀는 내 질타가 혹독했는지 눈물

지었다. 부끄럽기 때문인지 아니면 속상해서인지 상세히 묻지는 않았지만, 자기가 부모의 권위를 인정하지 않았다는 점은 어느 정도 수긍하는 듯했다.

사실, 요즈음 젊은이들은 사귄 지 얼마 되지 않아 스스럼없이 잠자리를 같이하는 편이다. 그러므로 함께 여행을 떠나는 것쯤은 일도 아니다. 실상이 그렇더라도 부모에게 그런 것을 버젓이 알리는 것은 예의의 문제를 넘어 위아래를 식별하지 못하는 무개념이라고밖에 볼 수 없다. 적어도 어른에 대한 공경이 조금이라도 있다면 부모의 위신을 위해 뻔한 거짓말이라도 해야 한다고 본다.

누군가가 솔직함을 최우선시하며 언제 어디서고 진실하게 말해야 하는 것이 아니냐고 묻는다면, 나는 그러한 솔직함은 어린애 수준이라고 답하고 싶다. 솔직함이 기본이지만, 때에 따라서는 묵비권도 행사할 줄 알아야 하고 나아가서는 선의의 거짓말도 할 수 있어야 한다. 혼자 사는 세상이 아니고, 자기와 얽인 사람에게 피해를 줄 수도 있기 때문이다. 특히 집단주의 문화권에서는 권위와 의리 같은 가치들을 중시 여기기 때문에 사안을 평면적으로 바라보기보다는 입체적으로 바라봐야 한다.

그런데 오늘날의 젊은이들은 위계에 대한 개념이나 우리 사회에서 중시되는 가치를 배울 겨를 없이 학업 경쟁에만 몰두하다 성인이 된다. 그리하여 앞서 말한 이야기처럼 어이없는 일을 벌이기도 한다.

'세대 간의 갈등'이란 말은 오래전부터 회자되었다. 젊은 세대는 상대가 누구든 대등한 차원에서 관계를 맺으려는 반면, 나이 든 사람은 위아래를 따지는 서열을 강조하는 편이다. 이렇게 역점을 달리해서 심심치 않게 발생하는 갈등, 과연 어떻게 해야 이러한 갈등을 최소화할 수 있을까?

다소 모호하게 들릴지 모르지만, 자주 대화를 하면서 친밀감을 키우는 방법이 가장 낫다. 어른에 대한 공경은 억지로 심는다고 생기는 것도 아니고 좋아해야 비로소 생겨난다. 다시 말해 가까울수록 속내를 터놓고, 그러면서 서로 상대의 입장을 고려해가며 자연스럽게 존중하는 마음을 키워가야 한다.

결국 나는 앞서 말한 그 여성에게 부디 부모와 대화하며 가깝게 지내라고 당부했다. 허공에 산산이 흩어질 당부에 불과할지 모르지만, 나로서는 그 외에 다른 묘안이 없었다. 그래서였는지 상담을 마치고 나서도 묵직한 마음이었다.

상대의 권위를 존중해주어야 상대도 나를 인정해줍니다. 나아가 상대를 배려하는 선의의 거짓말도 하는 유연함을 지녀야 관계가 부드러워집니다.

아름다운 사랑의 조건

얼마 전 상담을 받는 남자가 악몽을 꾸었다고 말했다. 꿈은 산발한 여자가 자기를 잡아먹을 듯이 쫓아다녀 죽을 힘을 다해 내빼는 내용이었다. 그 여자가 누군지 연상을 해 보라는 내 말에 그는 한참을 생각하더니, 아무래도 아내 같다고 했다.

나는 그만 웃음을 터트리고 말았다. 내담자의 통찰을 방해하는 실책일 수 있지만 순간적으로 터져 나오는 웃음을 참을 수 없었다. 그 역시 귀신처럼 무서운 여자가 다름 아닌 아내라는 사실에 기가 차는지 웃고 말았다. 어쩌면 내가 웃는 바람에 그도 따라 웃게 된 건지도 모르지만, 아무튼 우리는 서로를 바라보며 한동안 웃었다.

호감을 느끼고 결혼까지 한 부부인데, 어쩌자고 그토록 원수처럼 갈등하는 관계에 놓이게 되었을까. 사랑과 미움은 동전의 양면이라더니 정말 그렇다는 것을 실감한다.

호감이나 사랑은 가변적인 것으로 믿을 수 있는 성질의 것이 아니다. 특히 긍정적인 감정이 뒤집히기 시작하면 극단적으로 변질되는 것을 종종 본다. 이렇게 정반대로 뒤집히는 것은 그 자체의 속성이라기보다 상대에 대한 기대나 욕심이 작용했기 때문이다.

그들 부부도 연애할 때는 자신의 부족한 점을 상대가 보완해주리라 한껏 기대했던 것 같다. 상류층의 자제처럼 보였던 남자에게서 여자는 신분 상승을 기대했고, 다부진 여성의 태도에서 남자는 자신의 유약함을 보완할 수 있으리라 기대했다. 그리하여 그 남녀는 주위의 반대를 무릅쓰고 결혼에 도달했다.

하지만 그들은 언제부터인가 치열하게 싸우기 시작했다. 기대가 컸던 만큼 실망이 컸는지 서로를 견디기 어려워했다. 둘이나 되는 아이들을 희생시킬 수 없어 갈라서지 못했고 힘들게 지내던 중 남편은 악몽까지 꾸었다. 꿈이란 무의식을 반영하는 것으로 남자는 아내를 그만큼 힘들어한다는 의미다.

삶은 생로병사라는 변화 과정에 있는 것으로 그 자체가 불완전하고 위태롭다. 그리하여 누군가는 하루하루를 지뢰밭을 걸어가는 심정으로 산다고 말하기도 한다.

서로 기대하는 게 적으면 그 정도로 미워하지 않아도 되는 것을 어쩌자고 과도하게 기대하여 적이 되어가는지…. 그리고 보면 한세상 살면서 온갖 것을 기대하게 되는 결혼처럼 위험한 것도 없지 싶다. 그렇다고 결혼을 안 할 수도 없고….

비단 결혼이 아니더라도 누군가를 사랑한다는 것 자체가 위태로운 것이지 않을까. 누군가에게 한번 마음을 빼앗기면 얼마나 숱한 세월을 거기에 매여 괴로워하는가. 그리움이나 기다림도 엄밀한 의미에서 고통이다. 그런데도 우리는 사랑 제일주의자처럼 끊임없이 사랑을 노래한다.

사랑이 아름다워지려면 몇 가지 조건을 갖추어야 한다. 일단 욕구가 적어야 하고, 이기심이 없어야 상대를 있는 그대로 허용할 수 있다. 욕구를 적게 하고 이기심을 없애려면 자신의 충분한 성숙이 먼저 필요하다.

나는 그 남자에게 누군가를 배우자로 만나는 것은 우연이 아니라 피할 수 없는 인연 때문이 아닌가 한다고 말했다. 단지 우리가 그것을 헤아려볼 수 있는 눈을 갖지 못해 우연이라고 여기는 것 같다고. 즉 자신의 삶에서 중요 대상이 좋든 나쁘든 그 사람을 만나는 것은 자신의 업에 따른 과보果報라는 것이다. 그러므로 억지로 피하려 하기보다는 잘 소화하는 태도를 갖는 게 할 수 있는 최선이라고 말했다. 특히 악연에 대해서는 감내함으로써 탕감하는 태도를 보이자고.

그는 고개를 끄덕이며 아들이 두 명이나 있는데 어찌 이혼을 꿈꾸겠느냐며 잘 감내해내는 수밖에 없다고 말했다. 물론 자기도 노력을 하겠지만, 아내도 너무 안달복달하며 남편을 괴롭히지 않았으면 한단다. 그러면서 어떻게 하면 아내를 상담소에 오게 할지 방법을 가르쳐달라고 부탁했다. 특히 아내는 자신을 너무 쥐어뜯기 때문에 본인 자신을 위해서도 성장할 필요가 있는 사람이란다.

나는 웃으며 남편이 많이 바뀌어 호감을 사면 자연스럽게 아내도 남편의 말을 귀담아들을 것이라고 일러주었다. 그러자 그는 수긍이 간다는 듯 다시금 고개를 끄덕였다.

모든 것은 변화하기 마련입니다. 특히 사랑이나 미움과 같은 감정은 아주 쉽게 변화하는 성질의 것입니다. 그러므로 일희일비하지 마시고 묵묵하게 지내세요. 그러다 보면 모든 게 자리 잡힐 것입니다.

자신의 그릇을 키우는 게 낫다

　아무 기대 없이 산다는 것은 거의 불가능에 가깝다. 그때그때 챙겨야 하는 몸이 있는 한 무소유가 어렵듯이, 우리의 마음도 좀 더 나은 것을 추구하게끔 되어 있다. 그런 까닭에 과도한 기대는 제어할 필요가 있지만, 과연 어디까지가 과도하고 어디까지가 합당한지는 가르기 어렵다. 사람마다 각기 다른 기준을 적용해서다.

　적당한 기준이란 게 무엇인가 하고 고심하던 차에 결혼

식장에 하객으로 간 적이 있다. 주례사를 듣다가 "맞아, 맞아!" 하며 웃음을 터트렸다. 주례를 맡은 사람은 신랑의 스승으로 경영학 교수였는데 이렇게 말했다.

"두 사람이 싸우지 않으려면 상대에게 많은 것을 기대하지 않아야 합니다. 가령, 10만 원짜리 물건을 샀으면 10만 원어치 정도만 기대해야 합니다. 하지만 많은 이들이 그 이상으로 100만 원어치의 성능을 기대하니 티격태격 싸우지 않겠습니까?"

누가 경영학 교수 아니랄까 봐 그런 식으로 비유하는가 싶으면서도 피부에 와닿도록 말하는 재치가 재밌었다. 너나 가릴 것 없이 누구나 좋아하는 돈에 빗대어 말하니 귀에 쏙쏙 들어왔다.

엊그제도 남편이 너무 둔감하다고 아내가 짜증을 내 심심치 않게 갈등을 겪고 있는 부부를 상담했다. 상담 도중 남편이 이렇게 말했다.

"어차피 사람은 자기 수준대로 대상을 만나게 마련인데, 뒤늦게 뭐가 그리 마음에 들지 않는다고 난리를 치는지…."

이러한 발언에 나는 동조하며 고개를 끄덕였다. 닦달하는 아내에게 얼마나 부대꼈으면 그렇게 말하는가 싶어 딱하면서도, 그토록 냉철한 남편의 속내를 과연 부인이 알까 싶어 상담자인 내가 뜨끔할 지경이었다. 구체적으로 말하진 않았어도 그는 아내 또한 자기 못지않게 부족하다는 것을 시사했다.

원래 자신의 허물에 대해서는 당달봉사이고 상대의 허물은 잘 보게 마련이라지만, 똥 묻은 개가 재 묻은 개를 나무라는 식이어서는 곤란하다. 그럼에도 대개의 사람이 오류를 범한다. 바로 여기에서 개개인의 그릇 차이가 벌어진다. 상대가 흡족하지 않을 때 상대를 탓하느냐, 아니면 상대방이 불만스러워하는 자신을 돌아보며 개선에 힘쓰느냐는 각자의 그릇 크기에 따라 갈린다.

문제가 생겼을 때, 성숙한 사람일수록 상대에게 할 말이 없다. 상대가 마음에 들지 않더라도 이쪽에서 소화해버리면 아무것도 아니란 것을 알기 때문이다. 지나치게 이상적인 말로 들리겠지만, 한쪽에서 감화를 주면 상대는 미안해서라도 개선을 향해 발돋움하려는 변화를 보인다.

불만을 터트리는지 아닌지는 전적으로 자신의 그릇과 비례한다. 자신감의 부재로 어딘가 의지하고자 하는 욕구가 크면 그만큼 상대가 더 잘하기를 기대하며 불평불만을 일삼는다. 반면에 자신 있는 사람은 상대방에게 기대하는 게 적기 때문에 결정적인 실책이 아니면 그러려니 하고 넘어간다.

사실, 사람은 좀처럼 변화하지 않는다. 그러기에 상대

가 변화하기를 싸워가면서 기대하기보다는 차라리 내가 먼저 소화력을 기르는 게 훨씬 빠르고 속 편하다. 오죽하면 세 살 버릇 여든까지 간다는 말이 나왔겠는가. 사람은 죽어야 변화하지, 살아 있는 동안에는 굳어질 대로 굳어진 틀을 깨기 어렵다는 의미다.

특히 앞서 소개한 주례사처럼 10만 원짜리 물건을 사놓고 100만 원어치의 가치를 기대하는 것은 합당치 않다. 불편한 것에 대해 한두 번 말해도 바뀌지 않으면, 더 말해도 소용없는 경우가 대부분이다. 애초부터 그 정도의 그릇이거나 아니면 어떤 응어리에 가로막혀 있어 그렇게밖에 할 수 없기 때문이다. 그냥 그런가 보다 하고 넘어가도록 자신의 그릇을 키우는 게 낫다.

손뼉도 마주쳐야 소리가 난다고 어떤 불화든 나의 잘못도 있게 마련입니다. 상대를 탓하기에 앞서 나 자신의 잘못은 없는지 먼저 살펴보세요.

최선을 다하고
그것으로 끝을 맺어야 한다

아파트 단지 내 상가에 있는 미장원에 가는 걸 좋아한다. 집에서 가깝고 가격도 저렴할 뿐만 아니라 미용사인 주인 여자가 어찌나 손놀림이 빠른지 신기할 정도다. 말하는 것을 들어보면 사리도 밝아 보인다.

그녀의 남편은 젊어서부터 간이 안 좋아 외동아들의 간을 이식받아 살아났다고 한다. 그런 까닭에 평생에 걸쳐 돈 버는 일은 그녀의 몫이 되었고, 남편은 아내를 거드는 식으로 미장원에 와서 일을 돕고 있다. 그녀의 아들도 어머니를 따라 미용을 전공하더니, 어느새 공부를 마치고 강남에서 7년간 인턴 생활을 하다가 몇 달 전부터는 어머니가 하는 미용실에 와서 함께 일하고 있다.

며칠 전 파마를 하러 미장원에 갔는데, 주인 여자는 소화불량으로 집에서 쉰다고 아버지와 아들만 나와 있었다. 아들은 내게 어머니에게 머리를 맡기고 싶으면 다음에 오라고 했지만, 나는 굳이 그럴 게 뭐 있냐며 아들에게 머리를 하기로 했다.

아들은 어머니에게 전화를 걸어 일일이 물어본 다음 파마를 시작했다. 그때만 해도 나는 특별히 신경을 쓰는가 보다라고만 여겼다. 그런데 끝마무리에서 드라이기로 머리를 만질 때, 그 아들은 도무지 모양을 내지 못했다. 급기야 나는 마지막 마무리를 직접 하겠다고 나섰다. 그러자 그 아들은 멋쩍어했고, 나도 속으로 '아니, 명색이 미용사인데 이토록 머리 모양을 만들지 못하다니!' 하고 내심 놀라워했다.

집에 돌아오면서 '숙련가가 된다는 게 그리 어려운가?' 하는 의문을 가졌다. 그 아들의 경우 그동안 어머니에게 보고 배운 게 많았을 텐데도 서툴다는 생각을 금하기 어려웠다. 순하고 친절해 호감이 가긴 하지만 뭔가를 배우는 데 악착스러움이나 요령은 적은 것 같은 사람이었다. 이런 생각을 하다 문득 내게 슈퍼비전을 받으며 상담 기술을 증진하고자 하는 후학들을 떠올렸다.

상담을 교육하는 현장에서 나는 부적응을 과거의 상처나 경험의 탓으로 돌리기보다 현재에서 문제를 일으키는 자극을 찾아내야 상담 성과를 낼 수 있다고 강조한다. 하지만 어찌 된 일인지 수련생들은 번번이 그것을 흘려듣고 과거 상처를 뒤적거리는 식의 상담을 한다. 그러면 나는 똑같은 잔소리를 반복했고, 급기야 심한 소리를 해서 수련생들의 마음을 상하게 만들기도 했다.

교육이라는 명목 아래 쓴소리를 하며 지냈던 나는 미장원에서 그 아들의 어설픈 손놀림을 보고 처음에는 놀라워하다가 이내 자신을 돌아보는 순간을 맞이했다. 혹시 내가 올챙이적 시절을 잊고 지내는 것은 아닌지 하는 의혹이 일어났다. 구체성이 드러나는 미용 기술도 그토록 익히기 어려운데, 눈에 보이지 않는 심리적인 문제를 다루는 건 어디 쉽겠는가. 그런데도 나는 어려운 게 아니라며 수련생들을 닦달하곤 했으니….

고인이 되신 스승님께서도 일찍이 내게 그런 답답함을 느끼셨을 텐데, 어느새 나는 굼떴던 젊은 시절을 다 잊어버리고 원래부터 명민했던 양 굴었으니.

나이 들수록 조심해야 할 것은 욕심이다. 그동안 이런 사람 저런 사람을 많이 접하면서 사람은 다 거기서 거기라는 생각을 하지 않을 수 없었다. 같은 종으로 비슷한 욕구와 성향을 지닌 까닭인지 사람은 일정 범위를 넘어서지 못한다. 거기에 더해 그 범위 안에서 모든 이들은 개인차를 보인다. 즉 타고난 그릇의 차이가 있어 어떤 이는 영민하고 또 어떤 이는 둔하기 이를 데 없다. 이런 이들을 있는 그대로 바라보지 못하고 일률적으로 취급하려 드는 오류를 범하지 않았나 하고 찬찬히 나를 돌아본다.

다시금 무엇을 하든 간에 자신이 할 수 있는 최선을 다하고 그것으로 끝을 맺어야지. 그 이상 욕심내는 것은 금물이라고 다짐한다. 상대가 얼마나 습득하는지는 전적으로 상대의 몫이다. 그렇게 여기지 않고 안달했다가는 서로 피곤해지는 것은 물론 자칫 상대를 위축시킬 수도 있다.

나이 들수록 그러려니 한다는 옛 어른들의 말씀, 이제야 무슨 말인지 알 것 같아 고개를 끄덕인다. 그러고 보면 올챙이적 시절을 일깨워준 그 아들 덕분에 또 하나를 배우니, 세상의 이치란 참으로 묘하다.

심리학자의 한마디

누구나 다 잘하고 싶은 욕구를 갖지만, 뜻한 대로 되는 게 아닙니다. 그러니 다소 미숙한 모습을 보더라도 안달하거나 비난하기보다 '너도 애쓰는구나!' 하고 딱하게 봐주면 서로 편하답니다.

1장 인생의 초반부

자신을 기꺼이 끌어안는다

이 세상은 온갖 차별로 이루어져 있다. 지옥이나 천상과 같은 다른 세계는 차치하고 같은 인간계에 태어나더라도 각각의 형상은 다 다르다. 영특한 사람이 있는가 하면 우둔한 사람도 있고, 아름다운 용모를 갖춘 사람이 있는가 하면 추한 모습으로 태어난 이도 있다. 이러한 온갖 차이를 누가 만들어주었다면 사람들은 불평등하다고 아우성칠 수밖에 없을 것이다. 하지만 그 모든 차이가 자신의 탓, 즉 자신의 업에 다른 과보果報라면 무슨 불평을 할 수 있겠는가.

다름 아닌 자기 자신으로 인해 그런 상태에 놓이게 되었으니 말이다.

상담자로서 억울함을 호소하는 내담자를 만나면 일단 심정을 헤아린다. 누군가가 자신의 마음을 읽어주면 어느 정도 응어리가 풀리기 때문이다. 그런 다음에는 부적응적인 상황을 타개하도록 그가 할 바를 일러주곤 한다.

그런데 많은 사람이 자신의 잘못에 대해서는 눈감고 상대의 잘못에 대해서는 물고 늘어지는 경향을 보인다. 특히 부모를 집요하게 원망하는 사람들이 꽤 있다. 자기는 어린애였으니 무고하고, 어른인 부모는 좀 더 현명했어야 하는데 그렇지 못해 인생이 꼬였다는 식이다.

얼마 전에도 50대를 향해가는 중년 여성이 부모를 원망하는 푸념을 이어갔다. 인성 형성에 부모의 양육 태도가 엄청나게 중요하다는 것을 아는 상담자로서 나는 한동안 그녀의 넋두리를 들어주었다. 하지만 자꾸 반복되자 어느 날 이렇게 말했다.

"그러게요. 좀 더 훌륭한 부모를 만나지 그러셨어요?"

"그게 내 뜻대로 됩니까? 부모는 내가 고를 수 있는 대상이 아니잖아요."

"그럼 누가 그렇게 미숙한 부모를 의지해 이 세상에 오게 한 것이지요?"

"예? 무슨 말씀인지…."

이런 식의 대화를 하다가 나는 어떤 부모를 만나느냐하는 것은 본인이 어떤 복을 지었느냐와 비례하는 것 같다고. 그러니 부모를 원망하는 것은 쓸데없는 것으로 자기 얼굴에 침 뱉기에 지나지 않는다고 했다. 그러자 그 여성은 얼굴을 붉혔는데 그렇다고 내 견해를 전적으로 수용할 수는 없었는지, 그다음 상담 회기에서도 부모에 대한 원망을 슬쩍슬쩍 흘렸다.

자신을 기꺼이 끌어안는다　　　　　　　55

며칠 전에도 조울증을 앓는 어떤 남성이 자기에게 그런 유전인자를 물려준 어머니를 원망하지 않을 수 없다며 울먹였다. 딱한 마음이 들었던 나는 잠자코 그의 푸념을 들었는데, 그날은 상담 내내 집안의 내력에 대해 분개하니까 듣기 거북했다. 따지고 보면 그 어머니도 윗대에 의한 희생자인데 어머니를 원망해서 무엇하겠는가. 그리하여 상담이 끝나갈 무렵 나는 그에게 부모를 의지해 이 세상에 태어났으니 그러한 질병으로 고통받는 것을 본인이 감내해야 할 과보로 여기면 어떻겠냐고 제의했다.

그는 내 말이 의외였는지 얼어붙은 듯 한동안 미동도 하지 않았다. 나 역시 너무 야박하게 말했나 싶어 숨죽였지만, 이미 도전장을 던진 만큼 지켜보기로 했다.

어느 정도 침묵이 흐른 후 이윽고 그는 천천히 고개를 끄덕이며 곱씹어보겠다고 했다. 다행히 그는 내 말의 의미를 알아들은 듯했다. 나는 안도의 숨을 내쉬며 그가 부디

남 탓하지 않고 자신의 상태를 기꺼이 끌어안기를 바랐다. 그래야 그 자신이 덜 괴로울 수 있기 때문이다.

심리학자의 한마디

탓하거나 원망하면 서로 더 불행해질 따름입니다. 이 정도인 것을 다행으로 여기고 감사하면 도리어 삶이 잘 풀릴 것이라 믿고 실천해보세요. 그것이 위기를 기회로 만드는 역전의 기술입니다.

자신을 기꺼이 끌어안는다

실책을 화끈하게 인정한다

교수 생활을 접었어도 공개 사례 발표회에 자주 나가는 편이다. 공개 사례 발표회란 주 감독자와 부 감독자 두 사람이 여러 사람이 모인 자리에서 초보 상담자가 상담한 내용을 논평해주는 자리다. 자격증을 따고자 하는 후학들은 공개 사례 발표회를 거쳐야 하므로 이런 모임이 많이 열린다.

얼마 전에도 주 감독자로 초대되어서 미리 보내온 사례를 훑어보았는데 한마디로 내담자에 대한 평가와 상담 계획이 엉성하기 짝이 없었다. 내담자의 호소 문제와 실제로 상담에서 다룬 내용 간에 연결성이 탄탄해야 하는데, 그렇지 않았다. 대체 무엇을 상담하고자 했는지 모호했다. 특히 내담자가 현시점에서 상당히 많은 불편함을 호소하는데도 과거에 입은 상처를 반복해 토로하도록 한 점은 충분히 지적할 만했다.

발표회에 참석해서 초보 상담자를 보았다. 어떤 점이 잘못되었는지를 처음부터 지적했다가는 초보 상담자가 위축될 게 뻔했다. 그래서 나는 평상시와 다르게 접근하기로 했다. 일단 자료를 덮어놓고 초보 상담자에게 몇 가지 질문을 하고, 그것에 대해 대답해보라고 했다.

내담자의 당면한 문제를 무엇으로 보느냐고 물었다. 그러자 초보 상담자는 어설프게 대답했다. 또다시 나는 문제를 발생시킨 자극을 무엇으로 보느냐고 물었다. 초보 상담자는 우물쭈물했고, 나는 거기다 질문을 추가해 내담자가 가지고 있는 취약성이 어떤 것이기에 외부 자극을 받자 발현한 것 같으냐고 물었다. 이런 식으로 당면한 문제가 어떤 것이고, 발단에 해당하는 계기가 무엇이고, 내담자가 기존에 가지고 있던 취약성이 어떤 것인지 잘 연결해보라고 일렀다. 이 세 가지만 명확히 연결 지으면 나무를 보기에 앞서 전반적인 윤곽, 즉 숲을 볼 수 있게 된다고 조언했다.

질문에 대답하는 과정에서 초보 상담자는 자신이 얼마나 엉성했는지를 스스로 깨닫고 얼굴이 빨개졌다. 발표자인 초보 상담자는 무엇이 당면한 문제인지도 확실하게 파악하지 못했고, 그러한 문제를 일으킨 외부 상황이 어떤 것인지도 찾아내지 않았고, 그저 내담자의 어렸을 적 상처를 다루고 있었다는 점을 자각하는 듯했다.

이미 얼굴을 붉히는 초보 상담자에게 그 이상 쓴소리를 할 필요가 없었던 나는 간략하게 말했다. 아직 서툰 초보 단계에 있으니 중간중간 개별적으로 지도 감독을 받아가며 상담을 진행하라고, 그래야 헛다리를 짚는 실수를 줄일 수 있다고 조언했다. 내 말을 들은 초보 상담자는 눈을 아래로 깔며 입을 앙 다물었다.

그러자 부 감독자가 당황하며 좌불안석했다. 그 순간 나는 발표회가 열린 그 기관의 실장, 바로 부 감독자로 내 옆에 있는 그가 초보 상담자를 지도 감독한 사람이라는 사실을 알게 되었다. 다시 말해, 내담자의 문제를 현재화하도록 지도해주지 못하고, 과거 상처가 영향을 미치고 있으니 그것을 희석하는 데 주력하라고 독려한 게 분명했다. 과거 상처를 다루는 식의 접근은 장기 상담에서 하는 것으로 단기 상담에는 적절치 않다는 사실을 간과했던 것이다.

큰 비용을 들여 외부 사람인 나를 초대한 자가 바로 부 감독자였는데, 이러한 그를 받쳐주기는커녕 본의 아니게 벼랑 끝에 서게 했으니 나로서도 민망했다. 주춤하고 있는데, 황급히 그가 이렇게 말했다.

"역시 대단하십니다. 이렇게 모셔서 제가 톡톡히 배울 수 있게 되어 감사드립니다."

이렇게 나를 띄우는 반응을 보고, 그가 비록 사례에 대한 안목은 약해도 상황 타개에서만큼은 기민하다고 여겼다. 어차피 벌어진 상황이므로 얼른 백기를 드는 게 낫지, 감추려고 해봐야 더 초라해질 뿐이다. 고개를 숙였던 초보 상담자도 그제서야 얼굴을 들며 환하게 웃었다.

나 역시 반가운 마음에 예정에 없던 강의를 추가해주는 식으로 친절을 베풀었다. 후학들이 사례 개념화를 하는데 필요한 내 나름의 노하우를 설명해주었다. 장황하게 교과서 식으로 설명하지 않고 간단하게 요점을 알려주어서인지 후학들은 열심히 받아 적었다.

서로 환한 얼굴로 작별 인사를 나누고 돌아오면서 나는 빙긋이 웃었다.

우리는 모두 언제 어떻게 실책을 범할지 모른다. 그

렇더라도 기민하게 자신의 실책을 인정해버리면 언제든지 국면을 전환할 수 있다. 사실 실책이란 뒤집어놓고 보면 별것 아닌 게 대부분이기 때문이다.

심리학자의 한마디

어떤 사안을 다룰 때 전체를 보고나서 개별적인 것을 다루어야 엉뚱한 실수를 줄일 수 있습니다. 이제부터라도 각각의 나무를 보기 전에 전체적인 숲을 볼 수 있도록 연습해보세요.

보듬어야 서로 무난하게 살 수 있다

시대의 흐름에 따른 수많은 변화 중 부모와 자녀 간의 관계를 빼놓을 수 없다. 예전에는 부모와 자녀의 관계가 분리되기 어려운 핏줄로 끈끈하기 이를 데 없었다. 그리하여 아버지의 것은 아들의 것이 되고, 아들의 것 역시 부모의 것이 되기도 했다.

하지만 이제는 자녀를 독립시킨 후 100세를 사는 시대인 만큼 부모는 부모대로 살아야지 자식에게 의지해서는 안 된다는 인식이 사회 전반에 퍼져 있다. 그리하여 부모는 자녀가 결혼할 때 바리바리 싸주기보다 그만큼 키워주었으면 됐다며 각자 독립적으로 살자고 한다.

이런 변화 때문인지 아버지들도 재산을 자녀에게 물려주지 않고 죽을 때까지 움켜쥐고 있으려 한다. 그래서 아버지가 재산을 나눠주지 않는다고 안달하는 젊은이들도 더러 생겨난다.

오래전에 나를 찾아온 한 젊은이는 아버지가 의처증이 심해 어머니와 이혼할 지경에 이르렀다며 고민했다. 아버지의 증세가 심상치 않아 입원을 시켜야 하는데 어떻게 해야 하느냐고 물었다.

그런데 30대 중반인 그에게서 뭔가 석연치 않은 게 느껴졌다. 아버지에 대한 걱정은 그저 형식적인 듯했고, 어떻게든 아버지를 강제 입원시킬 방안에 혈안이 되어 있는 사람 같았다.

이상하다는 생각이 들어 이리저리 탐색해보니, 제삿밥에 눈이 멀 듯 그는 아버지의 재산에서 자기가 차지할 지분에 열중하고 있었다. 써늘해진 나는 그에게 편집증을 앓는 아버지에게는 더더욱 가족의 헌신적인 보살핌이 필요하다고 말했다. 취약성을 가진 아버지를 자극하지 않도록 온 가족이 조심해야 가까스로 병세를 물리칠 수 있다고 했다.

그렇지만 그는 나의 말을 귀담아들으려 하지 않고 아버지를 금치산자로 몰아가는 데 상담자인 내가 동조하기를 바랐다. 내가 그의 목적에 어긋나는 말을 하자, 그는 떨떠름한 표정을 지으며 의처증이나 의부증은 고칠 수 없는 것 아니냐고 반문했다. 사실, 그의 말이 아주 틀린 것도 아니어서 잠시 침묵했다.

잠시 후 나는 다시 그에게 충분한 정성을 들이기도 전에 아버지를 금치산자로 몰아 재산권을 **빼앗는** 것은 가족이 할 수 있는 짓이 아니라고 했다. 더구나 피를 나눈 아버지에게 자식이 그럴 수는 없다며 자식으로서 할 짓이 못 된다고 말했다.

개개인의 권리가 강조되면서 가족 간의 애정은 그만큼 위태로워지는 듯하다. 그 누구도 희생을 강요해서는 안 되는 시대를 살아가면서 가족이라는 이름으로 헌신하기를 바란다는 것은 좀처럼 수용하기 어렵다.

하지만 가족은 남이 아니라 자신의 일부로 연결되어 있기 때문에 누구 한 사람이라도 무너지면 자신도 영향을 받게 되어 있다. 즉 연동 관계에 놓여 있는 대상이므로 어떻게든 보듬어야 서로 무난하게 살아갈 수 있다.

가족을 한낱 동거인 정도로만 취급한다면, 과연 우리는 어디에서 위로를 받고 또 어디에서 재충전을 할 수 있을지 심히 걱정스럽다.

가족은 삶의 근원인 동시에 울타리입니다. 자주 챙기고 보듬어주어야 할 관계이지요. 연락이 뜸했다면 오늘은 안부 인사를 나눠보세요.

내가 주체가 되어 믿어야 한다

얼마 전 어떤 부인이 찾아와 아들이 정신뿐만 아니라 신체도 건강하지 않다고 도움을 청했다. 신체적으로는 어디가 안 좋으냐고 물었더니, 그녀의 대답은 이러했다.

아들을 어떤 종교 단체에서 하는 수련에 보냈는데, 그곳에서 너무 혹독하게 몰아치는 바람에 병을 얻게 되었고. 그 수련은 절대적인 믿음만 있으면 뭐든지 이겨낼 수 있다는 신념을 지닌 종교인들이 진행하는 프로그램이었단다.

그 후 아들은 툭하면 아프다고 두문불출하더니 이제는 아예 방에서 나오지 않았다. 어느덧 아들이 30대 중반이 되었는데, 부모가 천년만년 살며 보살필 수 있는 것도 아니니 날이 갈수록 시름만 깊어갔다.

이야기를 듣다 신앙심만 깊으면 뭐든지 극복할 수 있다고 막무가내로 밀어붙이는 사람들이 있고, 또 그것을 추종하는 사람들이 있다는 사실에 뭔가 치밀어 올랐다. 허약하게 태어난 그 아들은 예민해서 아주 조심스럽게 다뤄야 할 사람이었다. 그런 아들을 무지막지하게 밀어붙이는 프로그램에 참여토록 했다가 도리어 와락 병을 키우고 말았으니, 그 부모의 허물도 만만치 않다.

오래전에 어떤 스님이 6년의 묵언수행을 마치고 절을 맡아 운영했다. 그리고는 열심히 살았는데, 어떤 연유에서인지 그 스님이 정신착란증을 잘 고친다는 소문이 널리 퍼졌다. 열심히 기도하면 부처님의 가피를 입어 어떤 병이든 고칠 수 있다고 그 스님이 말했던 게 아닐까 한다. 사실 그 스님은 돈독한 신심을 지녔을 따름이지 특별한 신통력을 지닌 사람도 아니었다.

어느 날 스님이 사시 예불을 들이는데, 피해망상증을 앓던 청년이 식칼로 스님의 등을 찌르는 사고를 쳤다. 순식간에 피투성이가 되어 의식을 잃은 스님은 병원에 도착하기도 전에 숨을 거두었다. 그야말로 엄청난 참상이었다.

이런 소식을 접한 나는 '정신질환을 얕잡아 보고 신앙의 힘으로 뭐든지 극복할 수 있다는 신념이 무서운 결과를 초래했구나!' 하며 몸서리쳤다. 아울러 현대사회는 어느 분야든 전문화를 이루고 있는 만큼, 각 분야에서 자신의 영역에 충실하고 다른 영역에 대해서는 함부로 아는 척하거나 넘나들어서는 안 된다는 생각이 들었다. 특히 정신병은 위험천만한 것으로 주의해야 하는 질병임을 다시금 절감했다.

나는 치밀어 오르는 감정과 오래전의 기억을 수습하며, 부모의 무지가 아들을 더욱 곤경에 빠트린 것 같으니 인내심을 갖고 잘 돌봐야 한다고 말했다. 심적으로 허약한데다 신체적인 질병까지 얹힌 상태이니 그 아들로서는 다부지게 살아가는 게 쉽지 않으리라 여겨졌다.

아무튼 부인이 돌아간 뒤 나는 신앙의 이름으로 벌어지는 무지한 일들에 대해 고개를 가로저었다. 믿으면 뭐든지 이룰 수 있다는 확고한 신념, 얼마나 위험천만한 생각인가. 아무런 방법이 없던 시절에는 그런 신념이라도 잡아야 했겠지만, 지금은 과학이나 의학이 눈부시도록 발달한 시대가 아닌가. 이런 시대에 살면서 그런 확신에 빠져 사는 것은 시대착오라고밖에 볼 수 없다.

이런 표현이 조심스럽긴 하지만, 현실적으로 취약하니까 반대급부로 그런 신념으로 철갑을 두르는 게 아닐까. 힘들거나 약한 자에게 신앙이 희망의 횃불이 되어 활기차게 살도록 하는 것은 참으로 다행스러운 일이지만, 과신으로 번져 오류를 범한다면 무지를 넘어 죄악이 된다. 극히 조심할 일이다.

신앙을 갖더라도 내가 주체가 되어야지 신앙의 노예가 되듯 믿었다가는 득보다 실이 많다.

심리학자의 한마디

근거가 빈약한 확신보다 우매하고 위험한 것은 없습니다. 자기가 믿거나 주장하는 것이 합리적인지 종종 살펴보도록 하세요. 뭐든지 과신은 금물입니다.

자신을 기꺼이 끌어안는다

그대로를 수용하는 유연함이 필요하다

하루는 한 청년이 자리에 앉자마자, 이럴 때 자기가 어떻게 하는 게 좋으냐며 단도직입적으로 물었다. 아버지가 두 시간짜리 강의를 들어보라고 하면서 아르바이트 비용으로 10만 원을 주겠다고 했단다. 그런데 그 내용이 아버지가 심취하고 있는 특정 종교에 대한 것이란다.

청년이 그토록 고민하는 까닭은 몇해 전에 있었던 가정 내의 불화 때문이었다. 그의 어머니가 남편이 이상한 종교에 심취한 나머지 가정을 소홀히 한다며 반기를 들었고, 그 과정에서 자녀들은 모두 어머니 편에 서서 아버지를 의아하게 바라보았다. 우여곡절 끝에 아버지가 백기를 들었지만, 여전히 아버지는 가족 모르게 그 종교를 가까이했다. 이러한 사실을 어머니도 알고 있었지만 남편을 너무 제지할 수는 없어 질색하면서도 정도를 넘지 않는 범위 내에서는 모르는 척했다. 하지만 아버지는 점점 용기를 내어 그런 제안을 하니 아들로서는 난처할 수밖에 없었다.

이야기를 듣고 나니 나 역시도 이럴 때는 어떻게 하는 게 바람직한지 얼른 판단이 서지 않아 주춤했다. 그 종교가 얼마나 좋았으면 아들에게까지 전파하려고 하나 싶어 아버지가 짠해 보이기도 했고, 미끼처럼 돈을 제시하는 행동이 썩 좋아 보이지 않기도 했다. 그래서 어떻게 방향을 잡을까 궁리하다 다른 사람에게 조언을 받아도 되겠느냐고 청년에게 양해를 구한 다음, 현실적인 문제에서 방향을 잡지 못할 때마다 도움을 청했던 철쭉 님에게 전화를 걸었다. 그러나 전화 연결이 되지 않았다.

별도리 없이 내 깜냥대로 알려줄 수밖에 없었다. 청년에게 그래도 아버지가 원하는 거니까 2시간을 할애해 강의를 듣고 나서 "그 내용에 그다지 끌리지 않습니다."라고 말하라고 일러주었다. 아버지가 주시고자 하는 10만 원은 사양하라고 했다. 그러면 아버지도 민망해서 더는 아들에게 그러한 부탁을 하지 않을 거라고.

그 청년은 그렇게 해보겠다고 말했다. 바로 그때 철쭉 님에게서 전화가 왔다. 좀 전에 전화를 받지 못했는데 무슨 일이냐고 물었다. 그리하여 그 청년의 사안을 전하며 조금 전에 내가 이러저러한 방식으로 일러주었다고 했다.

철쭉 님은 내가 제시한 방안이 썩 마음에 들지 않았는지 자신의 방안을 말했는데 그것이 내가 제시한 것과 아주 달랐다. 아버지는 다름 아닌 아들에게 돈을 주고 싶어 하는 것이니 그 돈은 받으라고 했다. 그리고 강의에 대해서는 들든지 말든지 본인이 하고 싶은 대로 하고, 아버지에게는 아직 뭐가 뭔지 잘 모르겠다고 말하면 된단다. 아버지가 일일이 확인할 것도 아니기 때문에 전혀 부담을 가질 필요가 없다는 얘기도 덧붙여주었다.

내가 제시한 방법과 철쭉 님이 제시한 방법이 이렇게 다르자, 청년은 어떻게 하면 좋으냐는 식으로 눈을 크게 떴다. 순간 나는 어찌 되었든 방향을 결정지어야 하는 위치에 서고 말았다. 진지하게 접근함으로써 아버지를 무안하게 만들 것이냐, 아니면 누이 좋고 매부 좋다는 식으로 능청스럽게 상황을 처리할 것이냐의 선택에서 나는 백기를 들듯 이렇게 말했다.

"철쭉 님의 혜안이 확실히 나보다 한 수 위인 것 같아요."

"…."

그가 아무런 대꾸를 하지 않아도 나는 다음 말을 이어갔다.

"내가 제안한 대로 함으로써 아버지를 무안하게 만들기보다 그러려니 하고 넘기는 게 더 낫다는 생각이 드는데, 본인의 생각은 어때요?"

"그런 것 같습니다. 그런데 10만 원을 받으라고요?"

"아들에게 주고 싶어 하는 아버지의 마음이 담긴 돈이니까, 오히려 받는 게 더 부드러울 것 같네요."

"예, 알겠습니다."

그의 얼굴이 환해졌다. 아버지를 곤란하게 하지 않아도 되고, 돈도 챙길 수 있다는 사실이 그리 나쁘지 않은 듯했다.

나의 스타일은 고지식하고 진지한 편이지 유머러스하거나 경쾌하지 못하다는 사실을 다시금 온몸으로 느꼈다. 온갖 유형의 사람들이 얽히고설키어 살아가는 사회에서는 누군가에게 해를 끼치지 않는 범위 내에서 편법을 쓸 줄도 알아야 한다. 그래야 사는 게 덜 빡빡하고 지루함도 덜하다. 특히 가족은 늘 얼굴을 맞대고 살아야 하는 관계로 너무 시시비비를 가르면 경직되어 좋지 않다.

가족 간에는 옳고 그름보다 있는 그대로를 수용하는 유연함이 훨씬 중요한 덕목이다.

심리학자의 한마디
가족 간에는 옳고 그름보다 더 중요한 게 친밀감입니다.
친해지기 위해 일부러 말 붙이는 것을 생활화해보세요.

자신을 기꺼이 끌어안는다

아름다운 사람이 될 수 있는 능력

지방 도시에 거주하는 여의사는 1년 전부터 내게 줌으로 상담을 받기 시작했다. 마음이 여린 그녀는 환자가 불평불만을 늘어놓을 때마다 몹시 힘들어했다. 환자에게 시달리는 날에는 왜 의사가 되어 이 고생을 하는가 하고 후회할 정도란다. 나는 사람들은 원래 다 자기 수준대로 떠들어대니, 그러려니 하라고 일러주곤 했다.

그녀는 어느 날 삶의 지향점 또는 방향을 가지고 싶다고 말했다. 좀 더 의미 있거나 보람 있는 가치를 추구하고

1장 인생의 초반부

싶다고 했다. 함께 이런저런 모색을 하다가 내게 크게 도움이 되었던 「팔정도」라는 책을 소개해주었다. 불교에서는 이 세상에서의 삶은 괴로움이고(고성제), 괴로움의 원인은 갈애이고(집성제), 괴로움을 넘어서는 열반을 이룰 수 있고(멸성제), 열반을 가능하게 하는 수련 방식(도성제)을 제시하고 있는데, 이들 중에서 가장 중요하다고 볼 수 있는 도성제를 풀어놓은 8가지 수련 방식이 다름 아닌 팔정도라며 잘 읽어보라고 했다.

얼마 전에 평상시처럼 그녀와 상담하기 위해 줌을 켰는데, 화면에 나오는 그녀의 얼굴이 다른 때와는 달리 아주 아름다워 보였다. 나는 첫마디로 이렇게 인사했다.

"오늘 상당히 아름다워 보입니다."

"그래요?"

"예, 다른 때보다 환하게 비쳐요."

이렇게 거듭 말하자, 그녀는 쑥스러운 듯이 말했다.

"아무래도 그 이야기를 해야 할 것 같네요."

그녀가 지난 일주일 사이에 무슨 일이 있었는지에 대해 말했다. 어떤 남자 환자가 병원에 와서 생트집을 잡으며 소란을 떨었단다. 마침 그날은 같은 의사로서 함께 일하는 남편이 저 멀리 출타 중이었다. 그녀는 환자에게 시달린 후 남편에게 전화를 걸어 울먹였더니, 남편은 집에 가서 술 한잔 마시며 푹 쉬라고 했다. 그래서 알겠다고 대꾸했는데, 불현듯 부처님을 떠올리며 그 환자를 원망하기보다 자비롭게 여겨야겠다고 생각했단다. 그랬더니 자신의 마음이 한결 가뿐해지더란다.

내가 반색하며 어떻게 그 순간에 부처님을 떠올렸느냐고 묻자, 그녀가 설명해주었다. 내가 소개해준 「팔정도」는 불교의 정수로서 매우 중요하지만 이해하기에는 너무 딱딱했다. 그래서 일단 석가모니 부처님에 대한 일대기를 읽었고, 거기서 깊은 감명을 받았다. 그 후 부처님처럼 생명을 지닌 모든 대상에게 자비심을 가져야겠다고 다짐했고, 환자에게 시달리던 그날 울고불고했어도 뒤늦게나마 정신 차리고 그런 다짐을 되새기니 마음이 한결 평온해지더란다.

나는 놀라워하며 '마음을 곱게 쓰면 아름다워진다는 게 바로 이런 것이구나!' 하고 다시금 깨달았다.

예전에는 이목구비가 또렷하게 잘 생겨야 아름다운 줄 알았다. 하지만 그런 형태보다 더 중요한 게 분위기라는 사실을 알게 되었다. 아무리 잘 생겼어도 차갑게 비치면 끌리지 않는다. 특히 연민이나 자비를 가지고 상대를 포용하려고 할 때 생겨나는 아우라. 그것이 있을 때 유달리 평온하고 아름다워 보인다.

그렇다면 우리는 언제 어디서든 얼마든지 아름다운 사람이 될 수 있는 능력을 지닌 존재가 아닌가. 마음만 잘 쓰면 순식간에 아름다워질 수 있을 테니 말이다.

상대도 내가 원하는 것처럼 행복하기를 원하고, 내가 괴롭지 않기를 원하는 것처럼 괴롭지 않기를 바라는 존재입니다. 그러므로 원하는 대로 안되어 불평불만을 터트리는 사람을 만나거든 어여삐 여겨주세요.

1장 인생의 초반부

어떤 위치를 점할 것인가는
본인에게 달려 있다

 산책을 할 때마다 휴대전화로 BBS의 빨리어 불교 경전을 들곤 하는데, 얼마 전에 들은 내용은 희대의 살인마 앙굴리말라에 대한 이야기였다.

 그는 수많은 사람을 죽였는데, 부처님을 죽이려다가 도리어 백기를 들고 제자가 되었다. 열심히 수행한 덕분에 살인자였던 그는 깨달음을 얻어 아라한이 되기까지 했는데, 어느 날 탁발을 마치고 돌아오다가 사람들이 던지는 돌과 몽둥이에 맞아 머리를 크게 다쳤다. 이러한 앙굴리말라를 보고 부처님께서는 이렇게 말씀하셨다.

"견디어라, 수행자여! 그것은 언젠가 자네가 받아야 할 과보이니 잘 견디도록 하여라!"

나는 이러한 부처님의 말씀 중에서 '언젠가 자네가 받아야 할 과보'라는 말에 주목하였다. 자기가 지은 업業이 가져다주는 과보果報는 피할 수 없다고 한다. 인과응보 법칙으로 원인을 유발했으면 그에 따른 결과를 언젠가는 받게 마련이라는 것이다. 다만 그것이 발현되기에 적절한 조건을 언제 어떻게 만나느냐가 다를 뿐이란다.

나는 상담자로서 많은 사람을 만나는데, 유달리 왜 자기에게 이런 일이 생겼느냐며 분통을 터트리는 경우를 종종 본다. 좋은 부모에게 태어나 무탈하게 사는 사람이 수두룩한데 왜 자기는 박복한 부모를 만나 힘겹게 자랐는지 속상하다고, 다른 형제들은 잘났는데 왜 자기만 부실한지 모르겠다고, 심지어는 자기에게 태어난 자녀는 왜 그렇게 형편없는지 억울하단다.

그러한 푸념을 접할 때마다 난감함을 느끼곤 한다. 그 사람으로서는 억울하겠지만, 우리가 사는 이 세상은 원래 그렇게 차별적인 것을 인정하지 않을 수 없기 때문이다. 하지만 그런 차별 속에서 어떤 위치를 점하느냐 하는 것은 전적으로 본인에게 달려 있다. 다시 말해 자신의 복이 거기까지이므로 그렇게 살게 되는 거라고 여겨야 마음이 편하다.

괴로워 아우성치는 내담자에게 불쑥 이런 말을 했다가는 뺨 맞기 십상이다. 일단 공감이나 이해를 해주는데, 그것만으로는 충분하지 않다고 여긴다. 어디까지나 본인 자신이 자기에게 펼쳐진 상황을 수용해야 괴로움을 떨쳐낼 수 있기 때문이다.

얼마 전에 뒤차 운전자가 졸음운전을 하는 바람에 크게 상해를 입은 남자를 만났다. 그야말로 날벼락을 맞은 셈이다. 어떤 것으로도 원상복구를 할 수 없었던 중년의 남자는 극심한 좌절감에 시달렸다. 자기를 그 지경으로 만든 졸음운전자를 죽이고 싶다든가, 세상 사람들이 자기를 비웃는 것 같다든가 하는 상념으로 잠시도 편안하지 못했다. 이런 식으로 온갖 망념에 시달리며 분통 터트리는 그를 견딜 수 없었는지 그의 아내와 아이들은 따로 살게 되었고, 홀로 된 노모가 와서 그를 보살피고 있었다.

노모는 아들의 상황에 관해 설명하며 그의 분노가 더 심해지는 것 같다며 내게 상담을 부탁했다. 내게 비친 그들은 모두 지칠 대로 지친 모습이었다. 인생의 막다른 골목에 있는 듯한 이들을 바라보며 나는 뭐라고 표현하기 어려운 무거움에 빠졌다. 좀처럼 입을 열지 못한 채 그 남자를 가만히 응시하고 있자, 이러한 내게 신중함을 느꼈는지 그가

서서히 입을 열었다.

"고의로 졸음운전을 한 것은 아니었어도 그 운전자를 그냥 둘 수 없어요. 남의 인생을 이렇게 망쳐놓은 그를 어떻게 용서한단 말입니까?"

이런 피 끓는 발언을 하는 그가 얼마나 괴로워하는지 알겠다는 의미로 나는 고개를 끄덕였다. 그러자 그가 다시 말을 이었다.

"대체 어디 가서 이 억울함을 보상받느냐 말입니다."

또다시 동조한다는 의미에서 고개를 끄덕이며 그의 말마따나 '이미 벌어진 사태를 이제 와서 무슨 수로 돌이킨단 말인가.' 하고 생각했다. 그래서 좀처럼 입을 열지 못하고 있는데, 그가 내게 무엇이든 말해보라고 간청하는 게 아닌가. 그리하여 내가 말했다.

"그런 게 피하기 어려운, 즉 본인이 감당해야 할 팔자가 아닌가 합니다."

자신을 기꺼이 끌어안는다

"팔자…."

다행히 그는 펄쩍 뛰지 않고 내가 한 말을 읊조렸다. 이러한 모습에 용기를 얻은 나는 그에게 얼마 전에 BBS에서 들었던 앙굴리말라에 대해 이야기해주었다. 그러면서 닥친 것을 너무 슬퍼하거나 억울해하는 것도 무지에서 비롯한 어리석음이 아닌가 한다고 언급했다.

이러한 이야기가 이어지는 동안 옆에 앉아 있던 노모가 의아하다는 표정을 지었다. 아들이 흥분하지 않고 상담자의 말을 듣고 있는 것에 퍽 신기해하면서도 놀라워하는 듯했다.

그들이 상담을 마치고 돌아간 뒤 가슴속에서 뭔가 모르게 묵직하면서도 뿌듯함이 올라오는 듯했다. 그 남자가 내 말을 전적으로 수용하는 것 같지는 않았지만, 그래도 어느 정도 수긍하는 것 같았기 때문이다. 아울러 성현의 말씀을 상담에서 활용할 수 있다는 사실에 벅찬 마음이었다.

이미 벌어진 상황으로 돌이킬 수 없다면 얼른 마음을 정리하세요. 속을 끓여봐야 소용없고 괴로움만 가중될 뿐입니다.

2장

◆

인생의 중반부

사람의 마음을 얻는 것이
가장 값지다

성실한 태도로 대상을 대한다

　다들 잘 살고 싶어 하지만 여의치 않은 게 우리 삶의 현실이다. 태어난 이상 자립해야 하고, 그것을 위해 온갖 준비를 해야 하는데 그리 녹록치 않다.

　눈에 보이는 세상의 형상이란 도무지 공평하지 않다. 좋은 조건을 지닌 데다가 뭐든지 수월하게 풀리는 사람이 있는가 하면, 어떤 이는 태어날 때부터 불리한 위치에 있을 뿐만 아니라 하는 일마다 힘들다. 심지어 어떤 이는 척박한 환경도 모자라 불구의 몸으로 태어나기도 한다.

양호한 조건을 갖췄다고 다 행복한 것은 아니다. 이것을 가졌으면 저것을 가져야 하고, 그런 다음 또다시 위를 향해 부단히 애써야 하므로 우월한 위치에서 출발했어도 쉴 틈이 없다. 그렇게 살다 보면 세월이 후딱 흘러 어느새 늙고 병들어 여기저기 아프기 시작한다.

몇해 전에 만난 어떤 부인은 아들이 쟁쟁한 해외 명문대를 나왔는데, 현재는 그저 대기업의 사원일 따름이란다. 뒷바라지하는 과정에서는 나라를 준다고 해도 바꾸지 않을 정도로 자랑스러운 아들이었다. 하지만 지금은 그저 평범한 봉급쟁이라는 사실에 이게 뭔가 하는 심정이 들어 분통 터져 했다.

나는 잠시 주춤했다. 부인의 심정을 이해해주어야 할지, 삶은 원래 그런 거라고 해야 할지, 아니면 과도하게 아들 뒷바라지에 열중한 탓에 분한 마음이 드는 거라고 해야 할지 얼른 판단이 서질 않았다. 잠시 후 대체 무엇 때문에 부인이 그토록 허탈해하는지 살펴보니, 다름 아닌 시기심 때문이었다. 자기는 아들을 위해 물불 가리지 않고 헌신했는데, 아들이 장가간 후에는 아내와 처가에 잘하는 것을 보고 도무지 소화할 수 없었다. 다시 말해, 본가보다 어린 손녀를 돌봐주는 처가에 더 기우는가 싶어 그녀는 회한에 사로잡혀 있었다.

그런데 얼마 전에 홀로 계신 노모를 부양하는 문제로 형제들 간에 갈등이 생겼다며 나를 찾아온 남자가 있었다. 그가 고민하는 문제를 다루기에 앞서 간략히 가족 관계를 살피는 과정에서 그에게 다운증후군을 앓는 아들이 있다는 사실을 알았다.

평생 장애인으로 살아가는 아들을 키우느라 마음 고생이 심했을 그에게 위로의 말을 건넸다.

"심적으로 매우 힘드셨겠네요."

"그런 것 없습니다."

위로의 말에 아무렇지도 않은 듯 호쾌하게 응답하는 그 남자. 평생토록 돌봐야 하는 아들을 키우면서 그렇게 거뜬하게 대꾸하는 것에 의아했던 나는 물었다.

"개의치 않는다는 말씀인데, 좀 더 상세하게 말씀해주시겠어요?"

"처음에는 아들이 시원치 않다는 것을 알고 기가 막혔지만, 할 수 없는 일이잖아요. 아무리 봐도 최선을 다하는 것 외에 달리 할 수 있는 게 없더라고요."

여전히 그는 상큼하게 응수하면서 말을 이었다. 잘난 자녀를 키우는 게 훨씬 기분 좋고 신나겠지만, 잘났든 못났든 자기 앞에 던져진 생명체를 어쩌겠느냐며 감수하는 수밖에 없다고 했다. 잘난 자녀도 장성하면 다들 자기 살기 바빠 남처럼 되어버리는데, 잘나나 못나나 별 차이가 없다고 여긴단다.

잘난 자녀도 독립하면 남처럼 된다는 대목에서 몇해 전에 만났던 그 부인을 떠올렸다. 잘난 아들도 다 크고 나니까 일개 봉급쟁이에 불과하다는 그녀의 말을 기억하며 나는 수긍한다는 듯이 고개를 끄덕였다.

그 남자가 돌아간 뒤 '차별하는 마음을 넘어서기 위해 나는 숱한 책과 씨름했는데, 그는 다운증후군 아들을 키우면서 훌쩍 성장했구나.' 하고 생각했다. 아울러 이 세상에는 공짜가 없다더니, 정말 그렇다고 여겨졌다. 일찍이 장애인 아들로 고생한 덕분에 그는 다른 이들보다 집착하는 마음을 제법 털어낸 듯 보이니 말이다. 자식을 집착이나 성가심의 대상으로 바라보지 않는 수준이 어찌 대단하지 않은가.

대상이 어떠하든 개의치 않고 그저 자기가 할 수 있

는 최선을 기울이는 것, 집착하지 않으면서도 성실하게 대상을 대하는 태도야말로 형상에 매이지 않고 본질을 대하는 초연한 자세가 아닐까.

심리학자의 한마디

복을 짓는다는 것은 다름 아니라 내게 닥친 것을 마다하지 않고 끌어안는 게 아닐까 합니다. 지나고 보면 다 거기서 거기일 테니 그저 묵묵히 그러려니 하고 지내세요.

그러려니 하는 태도를 익힌다

여조카가 쌍둥이를 낳아 기르는데 육아가 힘들어서인지 쓸개에 돌이 생겨 고생했다. 몇달 전 담석 제거 수술을 하느라 며칠 병원에 입원해 있는 동안, 두 아이는 처음으로 장시간 엄마와 떨어져 지내야 했다. 엄마가 퇴원해 돌아오자 딸내미는 힘겹게 참고 있던 울음을 터트렸고, 아들내미는 좋다며 거실을 빙글빙글 돌았다.

그런데 조카는 뭔가가 좋지 않아서 다시 입원해야 했다. 갓 4살 된 두 아이에게 또다시 엄마가 병원에 가서 큰 주사를 맞고 올 테니 걱정하지 말고 아빠와 잘 지내라고 일러주었다. 그러자 딸이 자기는 아빠가 머리를 예쁘게 묶어주지 못하는 게 걱정이라고 했단다.

나는 그 말을 전해 듣고 웃음을 터트렸다. 고작 걱정하는 게 머리를 예쁘게 묶지 못한 채 어린이집에 가는 것이라니, 얼마나 아이다운 고민인가. 예쁘고 싶은 자신의 욕구만 생각하지, 엄마가 얼마나 고생할지는 생각하지 못하는 어린애였다.

나는 새벽마다 한 시간 남짓 걷는데 이때 다양한 것을 한다. 발걸음에 집중하는 훈련을 하기도 하고, 무엇에 대한 글을 쓸까 궁리하기도 하고, 유튜브로 시국 흐름에 대해 알아보기도 하고, BBS에서 방영하는 빨리어 번역 불경을 듣기도 한다.

얼마 전 불경을 듣는데 이런 내용이 나왔다. 석가모니

부처님이 마침내 깨달음을 얻고는 그 좋은 것을 다른 사람들에게도 알려줄지를 놓고 고민하는 사념에 잠기셨다. 어렵게 깨달은 미묘하고도 심오한 내용을 기쁨이나 즐거움을 좇는 사람들에게 말해봤자, 그들이 알아듣지 못할 것 같았다. 자신만 피곤해지고 힘들어질 것 같아 가르침을 펴지 않기로 작정하셨다. 그러자 이러한 부처님의 생각을 알아차린 범천 사함빠띠는 부처님께 다가가 그래도 지혜로운 이는 알아들을 수 있다며 가르침을 펴달라고 간청했다. 하지만 부처님은 어둠에 뒤엉켜 쾌락에 물든 사람들에게 말해봐야 소용없을 거라며 거절하셨고, 사함빠띠는 다시 간청했다. 그렇게 하기를 세 번이나 반복하자, 마침내 부처님은 눈에 티끌이 적은 사람도 있겠다는 생각으로 가르침을 펴기로 하셨다.

나의 가슴에 와 꽂히는 말은 '기쁨이나 즐거움을 좇는 사람들….'이었다. 깨달음을 얻은 분에게 우리가 그저 기쁨이나 즐거움을 좇는 이들로밖에 보이지 않는다는 사실에 충격을 받았다. 부처님은 우리를 더 높은 것을 보지 못하고 단지 현세의 즐거움을 최고의 목표로 삼으며 환희하거나 슬퍼하는 우둔한 존재로 보셨다.

머리를 예쁘게 묶지 못하는 것을 걱정하는 조카의 딸이 어른의 눈에 마냥 어리석게 보이듯, 부처님은 우리를 감각기관의 즐거움이나 추구하는 어리석은 존재로 보신다는 것 아닌가.

이렇게 자신의 눈높이에 따라 대상을 평가하는 게 달라진다. 절대적인 옳고 그름이란 한낱 허상에 불과하고, 단지 상대적으로 좋거나 나쁠 따름을 각자 고수할 뿐이다.

그런데도 우리는 자신의 수준이 절대적인 양 고집하려 든다. 그리하여 상대와 첨예하게 대립하며 상황을 악화시키기 일쑤다. 만약 자기가 높낮이를 이루는 스펙트럼에서 어느 한 지점에 놓인 상태라는 것을 알아도 자기가 옳은 양 고집을 부리며 싸우려들까?

언제 어디서고 상대가 자신과 다르거나 비위에 맞지 않을 때 그러려니 하는 태도를 익혀야겠다. 그렇지 않고 우기며 좋고 싫고를 지나치게 내세우다가는 서로 피곤해질 게 뻔하다. 이 세상에는 똑같은 사람이 하나도 없다. 모두 다 성향이 다르고 추구하는 바도 제각각이다. 세상살이를 하면서 매사를 그러려니 하고 넘겨야지, 일일이 토를 달았다가는 정말이지 괴로움에 빠지고 말겠다.

심리학자의 한마디

이 세상의 모든 것은 상, 중, 하의 배열을 이루는데, 자기 수준은 그 속에서 어느 한 지점에 있을 겁니다. 이런 차이에 대해 그러려니 하고 수용해야지 불만스러워하면 그만큼 피곤해질 따름입니다.

좋은 부모란

나를 찾아온 젊은 여성이 자신의 정체성에 대해 고민했다. 오랫동안 유학하면서 디자인을 전공하고 귀국했는데, 그 분야에서 두각을 나타내는 게 그리 쉽지 않았다. 틈틈이 활동하는 동안 그녀는 부업으로 취학 전 어린아이들에게 영어를 가르쳤다. 그런데 수입이 꽤 괜찮았고, 그러면서 무게 비중이 점점 영어 지도로 쏠리자 그녀는 혼란스러워했다. 전공 분야에 열중하자니 경제적 자립이 어려울 게 뻔하고, 영어 지도를 하며 지내기에는 자신의 정체성이 흔

2장 인생의 중반부

들리는 것 같단다.

나는 그 여성에게 이것을 택하느냐 아니면 저것을 택하느냐에 대해 고민하기보다 모두 다 하는 것으로 방향을 잡도록 일러주었다. 정체성을 확립하는 데는 어느 정도 경제적 지원이 받쳐주어야 하므로 영어 지도로 돈을 버는 게 필요하다고 말해주었다. 그러자 그녀는 흡족해하며 그와 같은 고민 외에 다른 것도 상의하고 싶다며 상담을 지속했다.

어느 날 그녀는 내게 강남 어머니들의 요구가 도를 넘는다며 하소연했다. 아이는 영어 공부를 하기 싫어하는데, 어머니들은 어떻게든 구겨 넣는 식으로라도 영어를 가르쳐달라고 부탁한다. 좋은 유치원에 입학하려면 테스트를 거쳐야 하는데 그 경쟁률이 만만치 않다는 것이다.

나는 기가 막혔다. 좋은 영어 유치원에 입학하기 위해 어린 나이에 테스트를 받아야 한다니…. 내가 어이없어 하자, 그녀는 더 놀라운 일이 있다며 아이들이 영어로 작문한 글을 보여주었다.

꼬불꼬불한 글씨로 쓰인 영작문인데 문장 구성이 제법 갖춰져 있었다. 한국말로 작문을 해도 놀라울 판인데 영어로 그렇게 쓰다니!

조카가 미국에서 유학하는 동안 어린 아들도 함께 그곳에서 몇 년을 지냈다. 언젠가 내가 조카에게 아들이 영어를 잘하느냐고 물었더니, 조카는 아들이 영어를 제법 하지만 그만큼 한국어는 서투른 것 같다고 했다. 상세히 살펴보면 말할 때 약간 주춤하는 버릇이 있다는 것이다. 이른 시기에 두 언어를 배우다 보니 그렇게 된 것 같단다.

모국어를 충분히 익힌 다음 외국어를 배워야 한다느니, 사춘기를 맞이하기 전에 외국어를 배워야 효율적이라니 하는 논쟁이 한동안 활발했다. 하지만 언제부터인가 그런 논의는 쑥 들어갔고, 어쨌든 일찍이 영어를 배워 남보다 앞서는 게 중요하다고 알게 모르게 판결이 난 거 같다. 모국어를 익히기도 전에 외국어를 배우려면 심리적 부담이 만만치 않을 텐데, 어찌 된 일인지 부모들은 자녀가 겪는 고충에 대해서는 아랑곳하지 않는다. 자칫하다가는 부작용이 발생하는데도 뒤처질 수 없다는 식이니, 보기에 따라 잔인한 태도라고도 여겨진다.

아이들이 썼다는 영작문에 놀라움을 감추지 못한 나는 그 젊은 여성에게 그 정도로 잘 따라오는 아이들이 얼마나 되느냐고 물었다. 그랬더니 10명 중 1명 정도는 놀라울 정도의 실력을 발휘하고, 2명 정도는 억지로 따라오는 편이며, 나머지 애들은 울고불고 떼나 쓰는 수준이라고 했다. 그런데도 많은 부모가 막무가내로 자녀들에게 영어 학습을 시킨단다. 한두 명의 아이들 빼고서는 바탕이나 깔아주는데 말이다.

다소 공허하게 들릴지 모르지만, 많은 어머니가 좀 더 현실적으로 되었으면 좋겠다. 과도한 학업은 아이에게 지겨움을 남겨 도리어 역효과를 초래할 수 있다. 설사 실력을 갖출지라도 억지로 하는 과정에서 의욕을 잃는다면 더 큰 손해를 입는다.

늘 하는 말이지만, 자녀가 마냥 찧고 까불도록 허용하고 크게 탈선하지 않도록 방지해주는 부모가 자녀에게 가장 좋은 부모이지 않을까 한다. 다소 실력은 떨어지더라도 기가 살아 있으면 어디서든 주도적으로 살 수 있다. 다른 무엇보다 긍정적인 성격 형성이 삶에 있어서는 가장 중요하다.

좋은 부모가 되는 것은 사람들이 우르르 정신없이 좇는 대세를 따르기보다 자녀의 행복을 위해 그것을 거스를 수 있는 용기에 있다. 아이의 영어 실력을 키워주는 것보다 밝고 쾌활하게 자라도록 좋은 토양과 울타리를 마련해주는 게 으뜸가는 부모의 역할이다.

이러한 역할을 위해서는 무엇보다 부모가 자기만 뒤처졌다는 식의 불안에 떨지 않아야 한다. 그러므로 자녀의 행복은 부모의 강건함과 비례한다고 말할 수 있다.

심리학자의 한마디

긍정적인 성격의 소유자는 언제 어디서고 스스럼이 없어 주위 사람들에게 호감을 받습니다. 살아가는 데 이보다 더 강력한 무기가 있을까요?

사람의 마음을 얻는 것이 가장 값지다

우리를 가장 괴롭히는 것은 사랑이다

새벽마다 안양천으로 산책하러 나가는데 어느 한곳에 커다란 플래카드가 걸려 있었다. 1살짜리 반려견을 잃어버렸는데 찾아주면 큰 사례를 하겠다는 내용이었다. 며칠 전에 있었던 안양천 변 행사장에 강아지를 데리고 왔다가 잃어버렸단다. 잃어버린 강아지를 찾는다는 내용을 A4용지에 복사해 여기저기 붙이는 것은 여러 차례 보았어도, 이렇게 대형 플래카드를 내거는 것은 처음 보았다. 오죽 속이 탔으면 그렇게까지 했나 싶어 부디 그 강아지가 되돌아오기를 빌었다.

오래전인 20대 시절 나도 케리라는 반려견을 잃어버리고 몇날을 울먹였던 적이 있다. 그때만 해도 개장수들이 동네를 돌아다니며 남의 개를 훔쳐 가던 시절이었다. 어찌 그런 해괴한 짓들이 성행했는지.

내가 어릴 적에는 개를 방 안에서 기른다는 것은 상상도 하지 못하는 일이었다. 그러다 내가 중년이 되자 강아지 치료비로 적지 않은 돈을 쓰면서 남들이 알까 봐 쉬쉬하기도 했었다. 헐벗은 이웃에게는 인색하면서 동물인 강아지에게 돈을 쓴다는 게 죄스러웠기 때문이다. 하지만 이제는 개나 고양이가 우리와 형태가 다를 뿐이지 가족의 일원이라는 것을 의심치 않게 되었다. 그들이 아프면 다른 사람들이 어떻게 생각하든 으레 병원에 데리고 가 치료를 해주고 있다.

이렇게 강아지를 가족의 일원으로 여기다 보니 걱정도

그만큼 비례한다. 함께 살고 있는 용이는 어느덧 10살이나 되어 몇 년 후에는 무지개다리를 건널 게 뻔하다. 용이와 이별할 것을 생각하면 나는 거의 반사적으로 용이를 쓰다듬으며 부디 오래 살기를 빈다. 다른 한편으로는 부처님의 말씀을 떠올린다.

부처님은 우리에게 슬픔과 비탄, 고통과 근심, 절망은 사랑하는 것에서 생겨난다고 말씀하셨다. 그리하여 사람을 포함한 어떤 대상에든 애착을 두지 말라고 하신다. 형성된 것은 무엇이든 사라지게 마련이므로 그냥 지긋이 응시하란다.

하지만 '나'라고 하는 존재가 있는 한 그게 쉬운 일이겠는가. 모든 감각기관은 좋은 것을 추구하고자 난리이므로 절제력을 갖추지 않으면 휘말리고 만다.

엄밀한 의미에서 그 강아지 주인도 주인을 잃은 생명체

에 대한 측은지심으로 찾는 것일 수도 있지만, 그보다는 잃어버린 강아지를 애착하는 바람에 그렇게 절절한 것이 아닐까.

우리를 가장 괴롭게 하는 것. 그것은 다름 아니라 사랑이지 싶다. 그게 뭐라고 그것에 걸려들기만 하면 그토록 천국과 지옥을 오가는지⋯. 그래서 '사랑'이라는 단어를 떠올리면 이중적으로 되고 만다. 좋은 동시에 그 끝이 어떨지 두려워진다.

플래카드를 보고 다시금 온갖 상념에 사로잡힌다. 두렵다고 삭막하게 살 수도 없고, 마냥 사랑하는 기쁨에 넋을 잃었다가는 호되게 패대기 당할 것 같고. 그래서 오늘도 외줄 타는 심정으로 조심스럽다.

우리를 지독하게 괴롭히는 건 다름 아닌 사랑입니다. 그렇다고 사랑 없이 사는 건 삭막해서 괴롭습니다. 그리하여 집착이 아닌 연민으로 대상을 보듬으며 살아야 좀 편안한 인생이 되지 않을까요.

2장 인생의 중반부

시간이 걸리더라도 부드럽게 말한다

어느 남자가 하루는 딸아이에 관한 이야기를 들려주었다. 식구들이 다 같이 여행을 다녀왔는데 세 돌 지난 딸이 장염 증세를 보였다. 다른 식구들은 멀쩡한데 아직 면역력이 약한 어린아이에게만 증상이 나타났다.

병원 진료를 받고 약을 타왔다. 그런데 약이 가루로 된 쓴맛이라 딱 봐도 어린아이들이 싫어할 만했다. 딸은 그 약을 한 번 먹은 뒤로는 다시 먹으려 하지 않았다. 엄마는 딸에게 "약을 먹어야 해." 또는 "그래야 안 아파!"라는 말을 되풀이했고, 딸은 막무가내로 버텼다. 그리하여 아빠인 자기가 딸을 어르고 달래기를 2시간가량 했단다. 그랬더니 어느 시점에서 딸은 하는 수 없다는 듯이 약을 먹겠다고 했다. 기쁜 마음에 얼른 약을 먹이고 나서 잘했다고 칭찬하며 30분이나 띄어주었다고 했다.

나는 이야기를 들으며 잔잔한 감동을 받았다. 어린 딸에게 약 한 번 먹이는 데 그토록 많은 정성을 쏟았다는 사실에 찬사를 보냈다. 그랬더니 그는 신바람을 내며 이야기를 이어갔다.

아이의 성질을 꺾지 않고 그토록 구슬리며 약을 먹인 후부터는 "약 먹어야지." 하면 딸이 싫은 표정을 지으면서도 순순히 약을 먹더란다. 만약 억지로 약을 먹였다면, 딸은 그 후부터 약을 먹을 때마다 울고불고 난리를 피우지 않았겠느냐고 했다.

나는 그 남자가 딸에게 약을 먹이기 위해 2시간이나 공들인 점을 곱씹었다. '습관이나 버릇은 정성스럽게 만들어주어야 탈이 없지!' 하는 생각이 절로 들었다. 뭐든지 충분히 숙성하면 깊은 맛을 낸다. 바쁜 나머지 후딱후딱 처리하는 오늘날 우리는 의외로 많은 것을 잃고 있는지도 모른다.

나아가 상담자로서 그동안 일침을 놓으며 아프게 말하기보다 다소 시간이 걸리더라도 부드럽게 말해주었더라면 좀 더 나았을까 하고 의문해본다. 내가 하는 말이 틀리지는 않았어도 아프게 찌르니까 본능적으로 피하게 된 사람들이 꽤 있었겠구나 하고 생각한다.

찌르면 아픈 게 생명체의 특징입니다. 과연 무엇을 위해 고통을 수반하는 무리수를 두어야 하는지 곱씹어보세요. 다소 돌아가더라도 유연한 게 더 낫습니다.

접는 힘도 지녀야 한다

엊그제 어느 부부를 상담하는데, 아내나 남편 모두 상대가 자기에게 잘해주지 않는다고 티격태격했다. 아내는 남편이 무조건 자기를 예뻐해주기를 바랐고, 남편은 남편대로 아내가 자기를 위해 살뜰하게 신경 써주기를 바랐다. 서로가 자기는 할 만큼 했는데 상대가 무신경하거나 까칠하다고 아우성이었다.

사랑이나 인정이 중요하다고 늘 역설해왔지만 나는 그만 피식 웃고 말았다. 그게 뭐라고 그렇게까지 목을 매는

가 해서 도리어 같잖아 보였다. 자기 힘으로 살아가기 어려운 아이라면 생존과 직결된 것이므로 그런 게 매우 중요하겠지만, 어른은 굳이 그런 게 없어도 살 수 있다. 그런데도 사람들은 본능적으로 사랑과 인정을 좇으며 더 많이 채우고자 진을 뺀다. 다른 사람의 인정이나 사랑 없이도 살아갈 수 있도록 중심을 다지면 도리어 편하련만!

기분 좋게 살기 위해서는 서로 배려하거나 알아주는 태도가 매우 중요하다. 하지만 그러한 것들이 원하는 만큼 주어지지 않는다고 허구한 날 싸우면 문제가 된다. 중요한 것들이지만 엄밀히 따져보면 가변적인 것들로 그리 대단한 게 아닐 수 있다.

살아 있는 시간은 아주 귀한 선물이다. 한두 번 기대하거나 요청하다 안 되면, 그러려니 하고 접는 힘도 필요하다. 상대를 있는 그대로 봐주지 못하고, 자신의 기대를 고집하다가는 헛되이 세월을 흘려보낼지도 모른다.

사람의 마음을 얻는 것이 가장 값지다

생물 중에서
가장 민감하고 다치기 쉬운 존재

상담소에 딸을 대동하고 나타난 부모는 한숨을 푹푹 쉬어댔다. 어디서부터 말을 해야 할지 모르겠다며 난감해하는 부모, 옆에서 뿌루퉁한 표정을 짓고 있는 딸로 보아 부모와 딸 사이에 뭔가 사건이 벌어졌다는 걸 직감했다.

무슨 일 때문이냐고 묻자, 아버지가 말했다.

"남사스럽고 기가 막혀⋯."

아버지의 낭패스러워하는 표현에 딸은 더욱 힘주어 입을 꽉 다물었다.

부모 모두 전문직에 종사하는 사람들로 워낙 바쁘게 사는지라 조부모가 애들을 도맡아 키웠다고 했다. 두 딸은 제법 공부를 잘해 초등학교를 마치는 대로 유학을 갔단다. 부모의 바람대로 두 딸은 미국에서도 공부에 두각을 나타냈고, 명문대에 입학하는 쾌거를 이루었다.

천주교 신자이자, 교회에서도 신망받는 위치에 있던 부모는 성당에 다니며 교우들에게 딸들을 자랑했다. 딸들도 방학 때마다 한국에 와서 함께 성당에 다니며 사람들에게 부러움을 샀다.

그런데 얼마 전 교우들이 난색을 보이며 이 부모에게 딸을 잘 살펴보라고 귀띔해주었다. 무슨 일인가 해서 알아보니, 둘째 딸이 그 본당에서 배출한 신학생과 사귀고 있었다. 그 신학생은 방학을 맞이해 본당에 나와 여러 활동에 참여하던 중 이 둘째 딸과 사귀게 되었다. 평소 숫기 없어 보였던 그 신학생을 볼 때마다 어떻게 사제가 되느냐며 걱정했었다고 한다. 한마디로 그 부모 눈에는 잘나 보이는 사람이 아니었다.

그래도 성당의 교우들은 그 신학생이 훌륭한 사제가 되었으면 하는 마음으로 바라보고 있는데, 자기 딸이 그것을 방해하는 자로 사람들에게 눈총을 받고 있으니…. 부모는 딸을 야단쳤지만 움찔하기는커녕 도리어 대드는 태도를 접하고 분기탱천해 있었다.

한참 열애에 빠진 젊은이를 누가 말릴 수 있겠는가. 왜 하필 그런 사람을 사귀느냐고 부모가 열을 낼수록, 딸은 부모에게 실망하는 태도가 역력했다. 자율성을 중시하는 서구 사회에서 교육받은 딸로서는 부모의 말이 합리적이지 않을 뿐만 아니라 침해라고 여기는 듯했다. 삶은 자신이 결정하는 것이고, 특히 연애는 지극히 개인적인 사안으로 다른 사람이 왈가불가할 문제가 아니라고 의견을 피력했다.

이야기를 듣다가 나는 그 부모에게 자칫하다가는 그 젊

은이들이 더 결속하는 로미오와 줄리엣 효과를 일으킬 소지가 있다며 잠시 자리를 비워달라고 했다. 그러고 나서 그 딸과 마주한 나는 한참을 말 없이 가만히 있었다. 상담자로서 주관적 감정이 지배하는 호감이나 사랑에 관여하는 게 민망하다는 취지에서 쉽게 입을 떼지 않았다.

이윽고 나는 그 딸에게 어려서부터 해외에서 공부하느라고 많이 힘들었겠다고 말했다. 부모에게서 마냥 정서적 지지를 받아야 할 시기에 홀로 정신을 바짝 차리고 경쟁력을 갖추느라고 얼마나 힘들었겠냐며 그녀의 마음을 헤아렸다. 아울러 저 심층에서는 자각했든 못했든 마냥 따뜻한 사람이 그리웠을 거라고 했다. 단지 이런 정도의 말만 했을 뿐인데, 그녀는 왈칵 눈물을 쏟아냈다. 그동안 젖혀두었던 자신의 심연을 누군가 알아주니 둑이 터지듯 그렇게 허물어졌다.

어느 정도 그녀와 이야기를 나눈 후, 부모를 들어오게

했다. 세 사람이 함께한 자리에서 이 모든 게 지적 교육에만 매달리고 정서적 의존 욕구를 소홀히 한 결과라며, 부모의 탓이라고 일갈했다. 자녀를 잘 키우기 위해서는 지, 정, 의 등을 아우르며 균형적으로 가르쳐야 하는데 바쁘다는이유로 자녀 양육을 다른 사람 손에 맡긴 채 공부에만 신경쓴 게 시발점이라고 지적했다. 조부모 손이나 외국의 제도교육에 맡겨 키웠으니, 그렇게 자란 자녀의 속마음이 얼마나 허전했겠느냐고 했다. 그 결과 딸은 어느 순간 온순하고따듯해 보이는 남자를 보자, 마구마구 자기 식대로 이상화시켜놓고 거기에 목을 매는 식이 되었다고.

예전에는 아버지가 외벌이를 하고 어머니는 주부로 자녀를 양육하는 게 일반적이었지만 언제부터인가 우리 사회는 맞벌이 형태로 변화했다. 그런 덕에 자녀들은 경제적으로나 문화적으로 부족함 없이 자라게 되었지만, 그와는 상반되게 정서적으로는 빈곤해졌다. 겉보기에는 멀쩡해도 외로움을 어쩌지 못해 아무 데나 빠져드는 자녀들을 심심치 않게 본다. 균형 있게 성장하는 것이 얼마나 중요한지 실감케 하는 일이다.

자녀 양육에 왕도는 관심에 기초한 상호작용이다. 아무리 바빠도 늦은 밤이든 이른 아침이든 자녀에게 시간을 할애해 뭔가를 물어주고, 들어주고, 지지해줘야 한다. 잘 크려니 하고 낙관하다가는 앞서 말한 부모처럼 예상치 않은 상황에 봉착하게 마련이다.

생물이란 한시도 고정되지 않고 살아 숨 쉬는 존재이기 때문에 그때그때 잘 보살피지 않으면 시들해져 죽고 만다. 이러한 생물 중에서 가장 민감하고 다치기 쉬운 존재가 바로 사람이지 않을까.

욕구는 채워져야 가라앉아요. 결핍된 욕구가 있다면 이제라도 그것이 먼저 충족되도록 보듬어 안아주세요.

2장 인생의 중반부

곱게 말하기를 애쓰며 산다

사람들을 힘겹게 만드는 갈등은 대부분 관계에서 온다. 과거에 입은 상처로 어려움을 겪는 사람이 더러 있긴 하지만, 대개는 현재의 관계에서 오는 갈등 때문에 힘들어한다.

그렇다면 사람들은 무엇 때문에 그렇게 갈등을 빚는 걸까? 거기에는 욕망이나 이기심 또는 열등감 등 수많은 이유가 있겠지만 가장 직접적인 것은 말본새 때문이다. 가는 말이 고와야 오는 말도 곱기 마련인데, 방심하는 사이 말에

독을 묻혀 내뱉는다. 자신을 향해 독이 날아오는 것을 감지한 이상 가만히 있을 사람은 없다.

엊그제 어떤 부인이 아들과 실랑이를 벌였다고 했다. 게임에만 몰두하고 등교 준비를 소홀히 하는 어린 아들을 견디기 어려웠던 부인은 아들이 제일 소중하게 여기는 컴퓨터를 치웠다. 그러자 놀란 아들은 엄마에게 대들지도 못하고 바닥에 웅크리고 앉아 오돌오돌 떨었다. 컴퓨터를 빼앗긴 아들의 공포를 보았던 부인은 이렇게 말했다.

"찬 바닥에 앉아 있지 말고 소파에 가 앉아!"

아들은 웬일인지 조용히 소파에 가 앉았다. 엄마의 말을 아무런 저항 없이 순순히 따랐다.

잠시 후 부인이 외출하기 위해 안방으로 들어와 옷을 갈아입는데, 아들이 슬그머니 문을 열고 들어와서는 뭔가를 이야기했다.

부인은 아들의 그런 태도를 처음 봤다며 놀라워했다. 그러면서 모든 게 상담을 받은 덕분 같다고 인사했다.

그 순간 나는 전율하며 이렇게 소리쳤다.

"바로 그것이 우리가 일상에서 맞이하는 조그마한 기적입니다."

나는 부인에게 자잘한 기적들이 모여 마침내는 유순해지고 다듬어져 선순환을 일으킨다고 말했다. 거칠게 말하지 않는 것, 그것이 바로 관계의 갈등을 없애는 핵심이라고 강조했다. 조금이라도 힐난하거나 거칠게 말하면, 그것은 저항이나 반감을 일으키게 마련이라고. 그렇게 되면 본질은 사라지고 감정 대립만 난무하게 된다고 설명했다.

부인은 아들의 반응을 통해 곱게 말하는 것이 얼마나 중요한지 확연히 알았다고 말했다. 전에는 다급한 마음에 상대를 어르는 말은 생략하고 요지만 딱딱 지시하듯 말했는데, 그런 행동이 감정을 상하게 한다는 것을 알게 되었다고 했다.

우리가 일상에서 급하다며 앞뒤를 자르고 요점만 툭툭 내뱉어서 잘되는 일이 과연 얼마나 될까? 상대는 살아 숨 쉬는 사람으로 어떻게 대하느냐에 따라 민감하게 영향을 받고 응대하는 존재다. 그러므로 곱게 말을 전해야 반감을 일으키지 않지, 조금만 거칠게 말하면 부작용이 만만치 않게 일어난다.

수많은 사람이 이 명확한 사실을 간과하고 오류를 범한다. 다름 아닌 가족이니까 하는 마음으로 더 거칠게 말하곤 한다. 하지만 거친 말은 같은 방식으로 쏘아대게 할 뿐이다.

그렇다면 어떻게 해야 상대의 행동거지에 휘둘리지 않고 차분하게 말할 수 있을까?

2장 인생의 중반부

먼저 사람은 억양이나 어투로 상대가 자신을 얼마나 존중하고 배려하는지를 기가 막힐 정도로 잘 감지한다는 사실을 인식하는 게 필요하다. 그러고는 자연스럽게 될 때까지 곱게 말하기를 애쓰며 연습해야 한다. 노력은 쌓이면 자연스럽게 펼쳐지는 습성을 낳는다.

심리학자의 한마디

이 세상에는 거저 되는 게 아무것도 없답니다. 우아하게 보이는 백조도 물 밑에서는 엄청나게 발짓한다고 하잖아요? 모든 것은 노력과 연습을 통해 이루어진다고 믿고, 한 발자국씩 부단히 전진하세요.

잘 사는 게 무엇일까

상담자로서 결혼 생활에 주목한다. 예전에는 한 번 결혼하면 끝까지 살아야 하는 게 사회 풍조였지만, 요즘에는 맞지 않으면 헤어지는 게 낫다는 분위기다.

이혼을 앞두고 나를 찾아오는 부부에게는 일단 자녀가 있는지를 확인하고, 장차 그들이 입을 상처에 대해 어떻게 생각하냐고 물어본다. 될 수 있으면 이혼을 신중하게 다루었으면 하는 취지에서 던지는 질문이다.

예전에는 자녀 양육에 대한 책임 앞에서 남자나 여자 모두가 주춤하는 듯한 태도를 보였다. 하지만 요즈음 젊은 부부들은 면접권이 있으니까 그것을 통해 자녀를 만나면 된다고 대수롭지 않게 말한다.

엊그제도 남편이 가정을 소홀히 하는 것을 견디기 어려워 이혼을 앞두고 있는 부인이 찾아왔다. 슬하에 두 남매를 두고 있는데 독박 쓰듯 육아를 담당해왔단다. 이기적인 태도로 일관하는 남편에게 폭발했고 마침내는 이혼을 결심했단다. 그때서야 남편이 잘못했다며 앞으로 잘하겠다고 하는데, 오만 정이 떨어진 그녀는 헤어지기로 마음을 굳혔다고 했다. 그런데도 나를 찾아왔던 것은 친정 어머니의 부탁 때문이었다.

나는 그녀에게 남편이 그렇게 뉘우쳤다고 말하면, 아이들을 위해서라도 마음을 푸는 게 어떠냐고 간곡하게 말했다. 하지만 그녀는 요지부동이었다. 그녀의 마음을 되돌리기 어려웠던 나는 이런 말을 했다.

"어린아이들을 돌보면서 경제활동을 한다는 게 여간 어려운 일이 아닐 텐데요."

"처음에는 제가 아이들을 키우려고 생각했는데, 여건상 아무래도 어려울 것 같아 아이들을 남편에게 맡기려고요."

"그동안 낳아 키우느라 정을 담뿍 쏟았을 텐데 어떻게 떼어놓을 수 있겠어요?"

"남편도 아이들 때문에 고생을 해봐야 하지 않겠어요? 그리고 시부모가 살아 있기 때문에 어떻게든 아이들을 돌보긴 할 수 있을 거예요."

그녀의 말대로 이혼 후 누군가가 적극적으로 도와주지 않으면 아이들을 키우면서 경제활동을 하기란 거의 불가능에 가깝다. 그뿐만 아니라 아이들이 있으면 새로운 남자를 만나기도 어려운 게 사실이다. 이렇게 따지면 아이들을 남편에게 맡긴다는 그녀의 결정을 이해 못할 바도 아니었다.

하지만 자기가 낳아 키우던 자녀를 어떻게 떼어놓고 나올 수 있는지, 모성애라는 것은 어디로 사라져버린 것인지 썰렁해지는 심정을 금하기 어려웠다.

잠시 무겁게 응시하다 나는 조심스럽게 이러한 말을 덧붙였다.

"어머니에게서 버림받았다고 여기는 아이들은 제대로 된 정서를 갖기가 어렵습니다. 훗날 커서도 정에 굶주려 휘청거리거나 아니면 아주 몰인정해져 사람들과 잘 지내지 못하더라고요."

"이미 돌아선 마음을 다시 잡아올 순 없고, 아이들을 키우며 일을 하기도 어려우니 어쩔 수 없지요."

그녀가 가고 난 뒤 나는 '모성애도 시대에 따라 변화하는 것인가?' 하는 의문을 다시금 가져봤다. 예전에는 자녀를 책임지기 위해 배우자가 아무리 미워도 품어주곤 했는데, 지금은 그런 세상이 아닌 듯하다. 자녀보다는 자신의 감정이나 행복 또는 성취를 더 중시하는 세상이다. 이런 시대에 살고 있다는 게 어떤 면에서는 좋고, 또 어떤 면에서는 마지막 보루를 잃은 것 같아 허전하다.

자기 목소리를 내는 것과 소득 간에는 상관관계가 있다고 한다. 소득이 높아지면서 서로 아쉬울 게 없어서인지, 아니면 상대에 대한 연민을 키울 겨를이 없어서인지 점점 자신을 중시하게 되는 듯하다. 개인과 개인 사이의 경계가 분명해져서인지 사람 사이의 끈끈함이 줄어들고 있다. 이러한 현상이 좋은 것인지 나쁜 것인지 잘 모르겠다. 과연 잘 산다는 게 무엇인지 정말 모르겠을 때가 종종 있다.

지금 당장은 자신의 욕구가 가장 중요해 보입니다. 그러나 멀리 내다보면 자녀가 잘 자라야 자신의 삶도 안온해집니다. 특히 자녀가 어릴 때는 자기를 희생하는 게 필요합니다.

절제는 상대를 자유롭게 한다

몇십 년 동안 알고 지내던 분께서 임종하셨다는 소식을 전해 들었다. 코로나가 잠잠해지면 한번 보자고 말씀하셨 었는데, 그 말은 공중분해되고 말았다.

얼마 전 휴대전화기에 벨 소리가 울리고 그분의 성함이 떠서 "여보세요." 하는 순간 끊겼다. 때마침 걷던 중이라 잠시 후 전화를 드렸더니, 가족이 받아서는 좀 전에 잠드셔 서 전화를 받을 수 없다고 응답했다.

부고 알림은 바로 다음 날 왔다. 그분께서 임종하시기 전날 내게 연락하셨다는 사실을 깨달았다. 우연히 그렇게 된 것일 수도 있지만, 어쩌면 내게 마지막 인사를 전하고자 하셨던 것인지도 모른다. 그렇다면 내가 그분의 인생에서 제법 중요한 인물이었다는 의미인데….

오래전의 일이다. 주기적으로 만나는 공부 모임에서 강의가 끝나고 다 같이 술집으로 향했다. 술이 약했던 그분이 만취해버리자, 사람들은 같은 방향으로 가는 내게 그분을 부탁했다. 당시에 나는 그 모임에서 제일 어렸던 20대 후반이었고, 그분은 40대 중반의 어른이었다.

택시 뒷좌석에 앉아 가던 중 그분이 내게 엉겨 붙었다. 당혹스럽기 그지없었지만, 인사불성인 그분이 집을 찾아가지 못할까 봐 나는 함께 택시에서 내렸다. 그리고는 힘겨운 실랑이를 벌여 가까스로 집 앞까지 모셔다드리고, 다시 택시를 타고 집으로 돌아왔다.

다시 뵈었을 때 그분은 가물가물 기억이 나는지 내게 큰 실수를 한 것 같다며 정중히 사과했다. 민망했던 나는 취중의 일이라며 웃고 말았다. 그래도 퍽 점잖았던 그분은 자신을 용서하기 어려웠는지, 옛날 같았으면 하늘이 부끄러워 큰 삿갓을 쓰고 다녔을 거라고 말했다.

그 후 그분은 내게 도움될 만한 일이 있으면 최선을 다해주셨다. 학술적으로 도움을 받기도 했던 나는 그분을 준스승으로 모시며 40년이 넘도록 우호적인 관계를 유지해왔다. 그러는 사이 언젠가 한번은 나에 대한 혹평을 듣고 퍽 안타까우셨는지, 내게 좀처럼 변화하지 않는 게 사람이라며 욕심에 입각한 직면을 삼가고 가능한 한 부드럽게 내담자를 대하라고 일러주셨다. 그러나 지나친 간섭을 한다고 여기셨는지 얼른 하신 말씀을 철회하셨다.

문상을 갔다. 영정 앞에서 정성스레 절을 올리고 나서 가족에게 임종 직전에 그분의 상태가 어땠었느냐고 물었다. 의식은 초롱초롱하셨으나 며칠 전부터는 전혀 말을 하지 못하셨다고 했다.

그런 상태에서도 마지막을 알리는 전화를 주셨다니! 뭐라고 표현하기 어려운 뭉클함에 심호흡을 했다. 그분이 나를 얼마나 소중한 존재로 여겼는지는 이제 와서 확인할 길이 없고 또 확인할 필요도 없지만, 감사한 마음을 금하기 어려웠다.

그분은 한 번도 자신의 속내를 내게 드러낸 적이 없다. 자신의 위치나 나의 위치에 대한 존중 없이는 그렇게 하기 어려웠으리라. 그런 절제 덕분에 나는 그분 앞에서 언제나 자유로울 수 있었다. 이 얼마나 감사한 일인가.

취중의 결례로 시작했어도 우호적인 관계로 발전되었

던 그분과의 만남. 이제는 막을 내렸지만 살면서 누군가에게 그토록 깔끔한 배려와 존중을 받았다는 사실은 그대로 있다. 절대 작지 않은 선물이기에 먹먹하다.

심리학자의 한마디
관계는 존중과 너그러움으로부터 깊어집니다. 특히 실수나 부족함을 품어줄 때 감동을 줍니다.

자녀에게 전해줄 수 있는 가장 귀중한 덕목

두 사람 다 교사라고 하는 부부가 고등학생인 아들을 앞세우고 나를 찾아왔다. 아들이 초등학교 시절부터 좀처럼 친구를 사귀지 못하고 혼자 노는 편이라고 했다. 그래서 학년이 바뀔 때마다 적응하는 데 적지 않은 고생을 했다고 한다. 그래도 공부를 잘하기 때문에 고등학교 졸업은 무사히 하리라 믿었는데, 어느 날 아들이 더는 견딜 수 없다며 퇴학하겠다는 의사를 내비쳤단다.

나는 그 아들을 상담하며 그가 친구를 사귀지 못하는

이유가 도대체 무엇 때문인지 살펴보았다. 아니나 다를까, 그는 도통 사람에게 관심을 두지 않고 오로지 학업 성취에만 열중하며 지냈다. 사람이 사람답게 살기 위해서는 직업적인 능력과 관계적인 사회성 두 가지를 겸비해야 하는데, 그에게는 둘 간의 불균형이 심하게 나타났다. 어렸을 때 딱히 돌봐주는 사람 없이 그저 학원으로 내돌리며 자랐던 탓이지 싶었다.

그 아들은 친가나 외가가 모두 지방에 있어서 조부모의 도움 없이 자라 어려서도 늦도록 어린이집에 머물렀다. 초등학생 시절에는 방과 후 부모가 퇴근할 때까지 주로 학원에서 시간을 보냈다. 간혹 집에 혼자 있을 때는 책 읽기를 좋아해 책에 몰두하며 지냈다. 그런 환경에서 대개의 아이들은 핸드폰이나 게임에 빠져 지내는 편인데, 아들은 그렇지 않고 책에 파묻혀 지내니 부모는 안심했던 것 같다.

그런데 아들은 어려서부터 사람에게 다가가는 붙임성

을 갖추지 못했고, 그 결과 좀처럼 친구를 사귀지 못하는 것이 문제였다. 부모 역시 이러한 점을 걱정했지만, 그래도 아들이 우수한 성적을 받아오니 내심 기뻐했다고 한다.

　나는 그 아들에게 어떻게든 호감을 사고자 애썼다. 그러면서 그가 학교에서 겪는 외로움과 어색함을 토로하도록 슬쩍슬쩍 물었다. 그가 입시를 앞둔 수험생이어서 깊이 있는 작업을 하지는 않았고, 그저 그를 반갑게 맞이해 놀아주었다.

　그의 부모는 아들이 상담을 마치고 오면 상담자와 무슨 이야기를 나누었느냐고 꼬박꼬박 물었던 것 같다. 그러면 아들이 나와 나눴던 이야기를 해주곤 했는데, 그의 부모는 상담자가 도무지 자기 아들에게 별다른 처치를 해주지 않는다고 여겼는지 어느 날 내게 물었다.

　"일단 아들이 퇴학하겠다고 말하지 않는 게 상담 덕분

이라고 생각합니다만, 어떻게 해서 마음이 가라앉았는지 궁금하네요.”

“예, 학교를 그만두겠다고 말하지 않아 다행입니다.”

“죄송하지만, 어떻게 해서 그 애가 마음을 돌리게 되었는지 궁금합니다. 제가 들어보니 선생님께서 별다른 말씀을 하신 것 같지도 않던데….”

“아, 제가 아드님에게 아무런 것도 하지 않았다고 보세요?”

“아니, 아니. 그게 아니고….”

그 어머니는 자신의 말이 내 공로를 인정하지 않는다는 말이 아니라고 극구 설명하며 당황해했다. 그러면서 덧붙이기를, 사실 자기가 몇해 전에 교육대학원에서 상담심리를 전공했다고 한다. 그래서 상담에 대해 어느 정도 알고 있어 어떻게 해서 자기 아들이 마음을 돌렸는지 호기심 차원에서 물었다고 완곡하게 말을 돌렸다.

그녀에게 나는 이렇게 말했다.

"사람은 누구를 막론하고 자기가 좋아하는 사람의 말은 듣는 편이지요. 그래서 제가 아드님에게 적극적으로 호감을 표현했고, 그것이 받아들여져 제 말을 귀담아들었다고 봅니다."

"아, 예!"

이야기가 나온 김에 나는 그 어머니에게 부모 노릇에 관한 내 소신을 들려주었다. 부모가 자녀에게 전해줄 수 있는 가장 귀중한 덕목 중의 하나는 사람을 좋아하도록 해주는 것이라고. 양육 과정에서 사람과 교류하는 게 그 어느 것보다 좋다는 것을 경험하도록 해주면, 그 자녀는 어디에 가든지 사람에게 스스럼없이 다가가고 그 덕에 호평을 받게 마련이라고.

그러자 그녀는 어떻게 해야 사람이 좋다는 것을 자녀가 느낄 수 있느냐고 물었다. 나는 한마디로 말하자면 부모와 자녀가 친밀하게 지내는 거라고 일러주었다. 부모와 가깝게 지내면서 마냥 든든하고 좋다는 것을 경험한 자녀는 밖에 나와서 그러한 경험을 확대해간다고. 그리하여 그동안 부모가 했었어야 할 역할을 내가 대신해주었다고 했다.

어느덧 상담을 시작한 지 근 40년이 다 되어간다. 긴 세월을 거치며 명료해지는 것은 상담이란 상담자가 자신을 활용해 내담자에게 사람에 대한 좋은 감정을 갖도록 해주는 것에서 출발한다는 것이다. 사람을 좋아하게 되면 어디를 가든지 호감을 살 것이고, 그것은 적응에 크게 도움이 될 것이라고 믿는다.

> **심리학자의 한마디**
> 말이 통하는 것보다 더 신나는 일이 과연 있을까요? 그러므로 같은 언어를 쓰며 교감해주는 측근이 가장 소중한 존재입니다.

사람의 마음을 얻는 것이 가장 값지다

젊었을 때는 착한 사람을 선호했다. 하지만 나이를 먹으면서 사리가 분명한 사람을 더 좋아하게 되었다. 용기 없는, 즉 할 말을 못하는 사람이 적당히 착하게 처신하면서 자신을 보호하는 것 같았기 때문이다.

우리 사회에서는 일단 착하게 굴면 중간은 간다고 믿는 사람들이 많다. 상담계에서도 상담자라면 으레 온정적이고 수용적인 태도를 보여야 한다고 여기는 사람들이 꽤 있다. 하지만 나는 공감이나 지지에 앞서 사안이 무엇인지 철저하게 살피는 게 중요하다고 역설하는 편이다. 적지 않은 내담자들이 정작 자신의 역할은 소홀히 해놓고 측근 사람들이 까칠하다고 억울해하기 일쑤다. 그리하여 상담자로서 사태 파악을 강조하다 보니, 나를 무섭다고 하는 내담자들도 더러 있다.

나에 관한 평가가 불편하다거나 명쾌하다고 양분되는 것을 놓고 사태도 명확히 파악하지 않은 상태에서 어찌 상담을 진행할 수 있느냐고 한때는 펄쩍 뛰기도 했다. 하지만 이제는 그러려니 한다. 사람마다 성향이나 기호가 다르므로 내담자와 상담자도 비슷한 사람끼리 만나 작업하는 것이려니 한다. 감성적인 면을 중시하는 내담자는 아무래도 온정적인 상담자를 선호하고, 이성적인 면을 중시하는 내담자는 사리 판단을 명확히 하는 상담자를 선호한다.

얼마 전 내게 상담을 받는 상담 교사가 이런 이야기를

들려주었다. 15년 전쯤 결혼할 때 시어머니께 핸드백을 하나 사드렸는데 그것이 다 낡았단다. 그런데 곧 있을 친척 결혼식에 참석해야 한다며 시어머니가 낡은 핸드백을 한껏 걱정하셨다. 그러자 눈치 빠른 남편이 어머니께 좋은 핸드백을 하나 사드려야겠다고 했다. 그리하여 부부가 어머니를 모시고 백화점을 돌았는데, 시어머니가 유명한 브랜드의 핸드백을 마음에 들어 해 그것을 사드렸다며 내게 사진을 보여주었다.

가죽에 꽃무늬가 새겨진 것으로 제법 멋져 보였다. 좋아 보인다고 말하며 나는 가격이 얼마나 하느냐고 물었다. 그랬더니 4백만 원이라고 대답하는 게 아닌가. 깜짝 놀란 나는 70대 노인에게 뭐 그런 고가의 가방이 필요한가 싶어 갸우뚱했다. 나는 다시금 시어머니가 수수한 것을 고르지 않고 그런 고가의 가방을 마음에 들어 하니까 야속한 마음이 들지 않냐고 물었다. 그러자 그녀는 그렇지 않았다고 대꾸하며 7살인 자기 딸이 태권도 도장에 가서 발차기를 배우는데, 그것을 그토록 기뻐하는 사람이 이 세상에 할머니 말고 또 누가 있겠느냐고 했다. 이런 까닭에 시어머니에게 들어가는 돈만큼은 아끼고 싶지 않단다.

나는 속이 따듯해지는 것을 느꼈다. 실용성을 강조하는 나는 고가품을 그리 좋아하지 않고, 주위 사람들이 그런 것을 선호하면 뭐 그런 것을 추구하느냐며 은근히 마땅치 않아 하는 편이다. 그래서 그 상담 교사도 시어머니가 고가의 핸드백을 집었을 때 그리 내켜 하지 않을 줄로 여겼지만 나의 예측은 여지없이 빗나가고 말았다.

문득 나를 돌아보며 합리성을 따지며 너무 삭막하게 사는 것은 아닌지, 나아가 내담자들에게도 허세를 위해 괜한 낭비를 하지 말라고 빡빡하게 말하지는 않았는지 의문을 던져본다. 누구나 자신의 기호대로 살게 마련인 것을 그냥

2장 인생의 중반부

봐주지 않고 내가 중시하는 가치대로 살지 않는다고 안달했던 것 같다.

그 어떤 것보다 사람의 마음을 얻는 게 가장 값진 것이라고 강조해왔다. 그러면서도 돈을 허투루 쓰면 안 된다고 역설하기도 하니, 어느 지점에서 그 둘이 충돌하고 만다. 다시금 이 세상에는 절대적으로 우위인 것이 없고, 다 자기가 하고 싶은 대로 살다 갈 따름이라는 생각을 다진다.

나 같은 사람은 아무래도 멋이 없는 사람의 범주에 속하지 않을까. 멋이란 여유에서 비롯하는 것이고, 그런 가운데서 감동을 주기도 하는데…. 오늘은 그 상담 교사의 어여쁜 마음 앞에서 마냥 작아지는 심정이다.

다소 손해를 보더라도 상대의 마음을 얻는 것에 가치를 두어봅시다. 우리의 행복과 불행은 친밀감 여부에서 갈리는 것이니까요.

2장 인생의 중반부

너그러운 어른의 자세

나를 찾아온 부인이 자리에 앉자마자 흥분된 어조로 울화를 표출했다. 남편은 지방에 있다가 간혹 상경할 수밖에 없는 상황이어서 두 아들을 혼자 돌보고 있단다. 그런데 며칠 전 기막힌 일이 벌어졌다고 했다.

잠이 많은 아들을 깨워서 학교에 보내느라 아침마다 법석을 떨었단다. 마침 남편이 와 있던 날에도 아들은 여전히 일어나지 않았다. 깨우다 지친 부인은 자신이 얼마나 힘든지 남편에게 하소연했다. 그러자 남편이 아들 방에 들어가

"이제 그만 일어나!" 하고 크게 소리쳤단다.

그렇게 해서 일어난 아들은 뿌루퉁한 채 학교에 다녀왔다. 그리고는 이미 지방으로 내려간 아버지를 향해 거칠기짝이 없는 쌍욕을 해댔다.

중학교에 다닐 때까지는 고분고분하던 아들이 고등학교에 들어가면서부터는 간간이 자신을 향해 욕을 하기 시작해 걱정이었다. 그런 행위가 괘씸했어도 공부는 열심히하는 편인데다 워낙 다그치며 키워서 그러려니 하고 참았다. 다행히 두 아들은 모두 아버지를 좋아했는데, 이번에아들이 아버지를 향해 그렇게 거친 욕을 하는 것을 보고 부인은 충격에 휩싸여 있었다.

부인의 넋두리에 열중하면서도 다른 한편으로는 그 아들이 곧 입시를 치루어야 하는 고3 학생이니까 그냥 넘어가야 할지, 아니면 시기를 놓치지 말고 남편에게 알려 화끈하게 야단을 쳐야 할지를 놓고 나는 고심했다. 공부에 역점을 둔다면 전자를 택해야겠고, 인성에 비중을 둔다면 후자를 택해야 하는데 어느 게 더 나을지 얼른 판단이 서지 않았다.

그렇게 주춤하다가 나는 인성을 바로 잡아주는 쪽으로 기울었다. 그 부인에게 아들이 뭔가 잘못했을 때 즉각적으로 반응을 보여주는 게 어른의 자세가 아니겠느냐고 말했다. 그러면서도 나는 확신이 서지 않아 철쭉 님의 의견을 들어보기로 했다.

간략히 설명을 들은 철쭉 님은 그 부인에게 이렇게 말했다. 아들을 그 지경으로 만든 모든 잘못은 어머니에게 있는 것 같다며 그런 패륜적인 아들의 언행을 아버지에게 알리면 안 된다고 했다. 부자지간의 관계가 깨질 뿐만 아니라 자칫 아들이 돌아오기 어려운 강을 건너버릴 수 있단다. 그러므로 어머니로서 한없이 슬프다는 말만 아들에게 전하고 지켜보는 게 낫단다.

이러한 말을 듣고서도 그 부인은 괘씸함을 참을 수 없다며 아들에게 하던 모든 지원을 끊어버릴까 한다고 말했다. 그러자 철쭉 님은 어미 마음이 어찌 그러냐며 부모와 자녀의 관계는 그렇게 쉽게 끊어지는 성질의 것이 아니라고 잘라 말했다.

나는 철쭉 님의 말씀을 듣고 내심 가슴을 쓸어내렸다. 아버지가 엄하게 야단을 칠 경우 아들이 얼른 고개를 숙인다면 다행이지만, 그렇지 않고 반항하며 공부에 지장을 받는다면 그 모든 탓을 부모에게 돌릴 게 뻔하기 때문이었다. 하마터면 그 가정을 엄청난 소용돌이로 몰아갈 수 있었다는 생각이 들어 머리끝이 쭈뼛 서는 듯했다. 그 정도 반항기를 보이는 아들이라면 순순히 고개를 숙이지 않을 거라는 사실을 미처 고려하지 못했던 것이다.

상담에서는 근원적인 갈등을 풀어내는 데 역점을 둘 것

인지, 아니면 당면한 현실을 잘 수습하는 데 비중을 둘 것인지에 따라 접근 방식이 달라진다. 신속함에 익숙한 현대인들은 근본적인 해결보다 현실적인 해결을 더 원하는 편이라서 나는 평소 후자를 중시해 접근한다.

하지만 나는 다분히 원칙적이고 교과서적이어서 늘 난관에 부딪친다. 이미 고질적으로 자리잡은 갈등은 과거의 성격을 띠고 있기 때문에 감당할 수 있을 만큼 의식 위로 떠올려 희석하면 되는 데 반해, 현실에서 부딪치는 문제는 생생하게 살아 있어 지금 어떻게 하느냐에 따라 결과가 확확 달라진다. 그러므로 현실에 비중을 두는 상담을 하기 위해서는 순간적인 판단이나 기묘한 책략을 동원해 문제를 해결할 줄 알아야 한다.

이러한 고충을 일반인인 어떤 사람에게 말할 기회가 있었다. 남들이 보기엔 내가 오랜 경력의 상담자로 능숙할 것 같지만 여전히 어려움을 겪는다며 앞서 말한 일화를 들려주었다. 내 이야기를 듣던 중년 남자는 자기가 그 아버지 입장이라면 일단 아들의 입장을 충분히 들어보겠다고 했다. 학업을 중시하느냐 아니면 인성을 중시하느냐보다 그 아들이 어떤 심정에서 그렇게 거칠게 나왔는지를 들어보는 게 더 우선되어야 한다고 말했다.

순간 나는 멈칫했다. 그의 말이 이상적이거나 원론적으로 비칠 수 있지만, 어떤 상황에서든 상대의 입장을 들어보는 게 상담의 가장 기본기이자 정석이기 때문이다. 명색이 상담자인 나는 기본을 건너뛰고 재빠르게 어떻게 해야 피해를 최소화할 수 있을까에 몰두해 있는데, 일반인인 그가 도리어 상담의 기본 원칙을 언급하니 정신없이 앞을 향해 달려가다 뒤통수를 맞은 것 같은 느낌이었다.

나는 다시금 생각에 잠겼다. 쌍욕을 전해 들은 아버지로서는 어찌 됐든 나서야 할 수밖에 없는 위치에 서게 되고, 그런 상황에서 침착하게 아들의 심정을 들어본다는 게 여간 어려운 일이 아닐 거다. 그렇더라도 그 과정을 거치도록 하는 게 정석이다.

사실, 상담에는 정답이란 게 없다. 사태를 어떻게 풀어갈지는 각자의 역량이나 주변 여건에 따라 달라진다. 이번 사례에서 나는 아무리 학업이 중요하더라도 아들의 그릇된 태도를 바로 잡아주는 쪽으로 방향을 잡으려 했었다. 그리고 철쭉 님은 아버지가 그렇게 험한 말을 듣고서는 가만히 있기 어려우니 현실적으로 아들이 중요한 시기에 있는 만큼 아버지에게 알리지 말고 어머니 선에서 속을 끓이며 지켜보는 게 바람직하다고 했다.

그런데 일반인인 그 남자는 아들이 어떤 심정에서 그런 험한 말을 했는지 일단 들어보는 게 합당하다고 했다. 그렇게 할 수만 있다면 참으로 너그러운 어른의 자세다. 이러한 것이 현실에서는 지나치게 이상적일 수 있을

지 모르지만, 어쨌든 내 마음을 사로잡았다.

다시금 나는 자신을 점검해볼 필요성을 느낀다. 원칙을 생략하고 너무 효용성에 치우치고 있지는 않은지. 어쨌든 내 정체성은 상담자이기 때문이다.

심리학자의 한마디
지나치게 몰두하면 생각이 협소해집니다. 무엇을 하든 수시로 물러서서 과연 올바르게 가고 있는지 또는 전체를 아우르고 있는지 점검해봅시다.

2장 인생의 중반부

소통보다 더 큰 즐거움은 없다

어떤 남자 분에게 아내와 소통이 잘되느냐고 물었다. 질문이 뜬금없었는지 왜 그러냐고 다시 물어왔다. 그래서 나는 몇몇 부인과 이야기를 나눴는데 영 소통이 되지 않아 답답했다고 말했다. 그러면서 말이 통하지 않는 아내와 사는 남자들의 심정이 엉망일 것 같다고 덧붙였다. 그러자 그분은 내 말이 끝나기가 무섭게 "지옥이지요." 하고 대꾸하는 게 아닌가.

즉각적으로 그렇게 말해서 그만 웃음을 터트리고 말았

다. 답답하다거나 죽을 맛이라는 정도의 대답을 예상했는데, 지옥이라고 격하게 발언하는 것을 보고 그분 또한 얼마나 답답했으면 그렇게 대꾸했으랴 싶었다.

서로 잘 통해서 동반자로 삼고자 결혼까지 했는데 대화가 되지 않는다면 얼마나 낭패스러울까? 함부로 물릴 수도 없는 결혼이란 것을 해놓고, 더구나 책임져야 할 아이가 있다면 그 낭패감은 이루 다 말할 수 없으리라. 그래서인지 의무감이나 법적으로 산다고 하는 이들이 의외로 많다.

사랑하는 사람을 잃었을 때 겪는 고통인 애별이고愛別離苦와는 반대로, 원망스럽고 미운 자를 만나야 하는 고통인 원증회고怨憎會苦도 다름 아닌 가족 내에서 이루어진다는 게 참으로 야속하다. 가장 소중하므로 가장 큰 고통이 될 수 있다는 이치에서 보면 새삼스러울 것도 없지만, 여하튼 불행한 일임은 틀림없다.

못 먹고 못 살 때는 의식주보다 중요한 게 없다. 하지만 물질적인 것이 충족되면 그 이상을 추구하게 마련이고 또 추구해야 한다. 여기에서 나는 그 '이상의 것'을 얼마나 잘 소통하는지에 대한 여부라고 본다. 잘 통하면 그보다 신나는 일이 없고, 잘 통하지 않으면 그보다 더 고통스러운 게 없다. 특히 사람은 사회적 존재로서 더불어 살아가야 하고, 이 과정에서 통하지 않으면 만병의 근원인 외로움에 빠져들 수밖에 없다.

이러한 이유에서 결혼을 앞두고 사람을 사귈 때, 그 어떤 것보다 대화가 잘되는지에 관한 여부를 살펴봐야 한다고 강조한다. 대화가 잘되는 즐거움이 있으면 어지간한 고통은 참아낼 수 있는데 반하여 그렇지 않으면 많은 호혜를 누려도 사는 게 지옥일 테니 말이다.

그런데 사귀는 동안에는 서로 잘 통했는데, 막상 한 지붕 아래 살기 시작하면서는 소통이 안 된다고 아우성치는 사람들이 꽤 있다. 왜 그럴까? 연애 시절에 잘 맞았다는 것은 마음만 먹으면 얼마든지 잘 맞출 수 있는 능력을 지녔다는 의미다. 하지만 결혼 후에는 연애 시절 때와는 달리 상대에게 맞추는 노력을 소홀히 하고 자기 편한 대로 하려는 이기심을 부리기 때문이다.

이 시점에서 한번 잘 생각해볼 필요가 있다. 다소 긴장하는 수고를 지불하더라도 소통하는 즐거움을 누리는 게 더 나을지, 아니면 이기심에 따라 자기 편할 대로 밀어붙이며 불통하는 게 더 나을지. 단연코 전자가 더 낫지 않을까. 그 어떤 것보다 통하는 즐거움이 이 세상에서 가장 큰 즐거움이다.

소통을 잘하려면 무엇보다 상대에게 관심을 기울여야
합니다. 서로의 심정을 헤아리고 나누다 보면 그보다 더
큰 즐거움이 없습니다.

절대로 옳거나 그른 게 없다

한 남성이 명절을 쇠고 와서 이렇게 말했다.

"때때로 아이의 눈이 얼마나 정확하고 무서운지, 등줄기에 땀이 쫙 솟는다니까요."

설 명절에 부모님 댁을 방문한 뒤 남성은 아내와 두 아이를 데리고 단란하게 여행을 떠났다. 음식점에 들렀을 때 4살짜리 딸아이가 점심을 먹지 않겠다고 고집을 피웠다. 그래서 밥을 안 먹으면 아무런 간식도 주지 않겠다고 엄포를 놓았는데, 그래도 딸은 밥을 먹지 않았다. 식사를 마친

2장 인생의 중반부

뒤 부부는 차 안에서 마실 커피를 사며 아이들에게 줄 딸기 우유도 샀다.

하지만 좀 전에 밥을 먹지 않으면 아무런 간식도 주지 않겠다고 말한 게 있어서 아들에게만 딸기 우유를 건네고 딸에게는 주지 않았다. 그러자 딸은 막무가내로 울며 자기도 먹겠다고 고집을 피웠다. 이런 모습을 지켜보던 7살짜리 아들이 동생에게도 주라고 부탁했다. 하지만 아빠인 자기는 약속은 지켜야 한다며 아들의 청을 거부했단다.

잠시 후 그는 너무 완강하게 굴었나 싶어 아들에게 아빠가 어떻게 보였느냐고 물어보았다. 하지만 아들은 아무런 대꾸를 하지 않는데, 그래도 살살 구슬려 말을 시켜보았다. 그랬더니 아들이 이렇게 말했다.

"동생과 똑같아 보였어요."

그는 한동안 너무도 기가 차 멍하니 있었는데, 등줄기에 땀이 확 솟더란다. 떼를 쓰는 여동생과 한번 내뱉은 말은 지켜야 한다고 버티는 아빠가 아들 눈에는 똑같아 보였다니….

　나도 이야기를 들으며 아들의 놀라운 발언에 "기가 막히네요." 하는 말을 토했다. 40대인 그 남성은 졸지에 7살짜리 아들에게 한 방 먹은 셈이 되었다. 상담자인 내가 그동안 불만이 많은 그 남자에게 너그럽게 마음을 쓰라고 백 번 말하는 것보다 아들의 말 한마디가 훨씬 강력했다.

　이 세상에는 절대적으로 옳거나 그른 게 없고, 그때그때 여건에 따라 상대적으로 옳고 그름이 정해지는 가변적인 것으로 이루어져 있다. 그런 까닭에 우리는 언제 어디서나 유연해져야 폐해를 줄일 수 있다. 하지만 어디 그게 쉬운가. '나'라고 하는 아집이 있는 한 자신의 견해나 관점이 합당하다고 우기기 일쑤다. 그래서 끊임없이 갈등과 분쟁을 일으키며 사는 게 우리의 모습이다.

분쟁이 살아 있음의 징표라고는 하지만 귀한 시간을 상당 부분 피곤하게 흘려보내는 것은 안타깝기 그지없다. 설사 상대가 무리하거나 잘못을 했더라도 연민을 가지고 그러려니 하며 너그럽게 넘어가는 게 낫다. 엄정하게 한다고 더 나은 효과를 내는 것도 아니기 때문이다. 오히려 져줄 때 기분이 상하지 않아서인지 아니면 존중을 받았다는 느낌을 가져서인지, 상대방이 더 고분고분해지는 것을 빈번하게 목격한다.

똑똑한 부모보다 푸근한 부모가 자녀에게 좋은 부모란 걸 요즘 들어 확연히 느낀다. 자녀가 잘했든 못했든 물고 빨아주는 부모가 좋은 부모다. 그동안 상담자는 제2의 부모 역할을 해주는 사람이라고 여기며 엄부의 역할을 강조했던 나는 복잡한 심경에 사로잡혔다. 상담하면서 서릿발 같은 직언을 서슴지 않았었는데, 그것의 부작용도 만만치 않겠다는 생각이 들어서였다. 즉 자녀를 물고 빨고 하는 부모의 태도가 가장 바람직하다면, 상담자 역시 그렇게 따듯한 태도를 보여주어야 하는 게 아닐까.

그렇다고 이성적인 판단이나 지적이 불필요하다는 것은 아니다. 하지만 지적이나 판단을 할 때 따듯함을 동반할 수 없다면 차라리 안 하는 게 낫다. 잘못하다가는 도움은커녕 반감이나 저항을 불러일으킬 수 있기 때문이다.

나는 그다지 푸근한 성격의 소유자가 아니다. 고집도 세고 사리 판단을 중시하기도 하고…. 이러한 성향을 어떻게 해야 좀 더 푸근한 것으로 성장시킬지 막연하다.

이러던 차에 내게 상담을 받는 그 남자의 이야기를 듣고 '그래, 맞아! 엄부의 역할도 따듯함을 흠뻑 머금은 상태에서 해야지. 그렇지 않으면 미완성일 따름이지!' 하는 생각을 절로 했다. 나 또한 자칫하다가는 내담자에게 설익은 미숙한 상담자로 비치겠다는 생각에 정신이 번쩍 들었다.

심리학자의 한마디

따듯하게 품어주는 너그러움을 능가하는 것은 없습니다. 무엇이 옳은지 그른지를 알면서도 기다려주는 것을 상대가 알게 되면 움찔하면서도 고마워할 것입니다.

서두르지 않고 침착하게 사태를 지켜본다

내게 상담을 신청한 남자의 사연은 딱했다. 그동안 별 탈 없이 가정생활을 영위하며 사업에 열중했는데, 어느 날 아내가 서울 생활이 힘들다며 상의도 없이 아이를 데리고 저 멀리 지방으로 내려갔단다. 잠시 여행하는 것도 아니고 이사는 상의를 거쳐야 할 중대한 사안이 아니냐며 그는 당혹감을 감추지 못했다.

상담자인 나 역시 어떻게 그런 일이 일어날 수 있는지 의아해했고, 그래서 혹시 부부에게 무슨 문제가 있는 것은 아닌지 세밀히 살폈다. 그러나 딱히 이렇다 할 이유를 찾지 못했다. 더욱이 그는 합리적인데다가 유순해 보이기까지 한 사람이었다. 그렇다면 문제는 아내에게 있는 듯한데, 안타깝게도 그의 아내는 상담 같은 것을 신뢰하지 않는지 거부했다. 그래서 아내의 말을 들을 수 없었던 나는 사태의 배경이 뭔지 정확하게 알지 못했고, 남편의 이야기에 따라 그의 아내가 건강염려증을 앓고 있는 사람이 아닌가 하고 추정할 따름이었다.

그의 아내는 대화를 피했다. 그리하여 남자의 가슴은 숯검정이 되어갔는데, 그를 딱하게 여겼던 나는 얼토당토 않은 사태를 정 용납할 수 없다면 이혼 절차를 밟아서라도 아내와 직면해보는 게 어떠냐고 제안했다.

하지만 그는 아이도 있는 마당에 아내와 결렬하게 대립하는 게 좋을 것 같지 않다며 도리어 신중한 반응을 보였다. 대체로 내담자가 흥분하고 상담자가 말리는 편인데,

그는 정반대로 상담자인 나보다 더 침착하게 상황을 지켜보았다. 나는 그를 보통 사람이 아니라고 여기며 더욱 관심 있게 지켜보았다.

그는 낮에는 사업에 열중하느라 자신의 상황을 잊으며 지낼 수 있다고 했다. 하지만 밤이 되면 고독감이 몰려오면서 어쩌다 이런 상황에 이르렀는지 이해되지 않아 괴로울 때가 많다고 했다. 그래서 산책을 하며 견디곤 한다는 그의 말에 나는 가슴이 아팠고, 말벗이 되어주는 식으로 상담을 이어갔다.

그런데 얼마 전 그의 아들이 아프다며 아빠가 보고 싶다는 내용의 문자를 보내왔다. 그는 단숨에 아들이 있는 곳으로 달려갔고, 아내와 긴 대화를 했다. 옳고 그름을 떠나 상대방의 이야기를 들어보자는 식으로 각자 자기 입장을 쭉 이야기하는 과정에서 서로 많은 대화를 나누었다.

처음으로 속내를 다 드러내는 대화를 마치고 돌아오는

데, 외견상 해결된 건 아무것도 없었다고 한다. 하지만 마음이 상당히 홀가분하고 정돈되었다고 했다. 아내에 대해 괘씸하거나 서운한 마음보다 딱하고 안쓰러운 마음이 들더란다.

　나는 그런 이야기를 들으며 '어진 성품을 지닌다는 게 바로 이런 거구나!' 하는 생각에 고개를 끄덕였다. 그는 분하거나 괘씸한 감정이 들 때 그것에 근거해 사태를 판단하거나 처리하려 들지 않고, 자신의 마음에 어떤 게 끼었는지를 살펴보면서 불순물을 줄이고자 했다. 즉 외부 상황을 통제하려 들기보다 자신의 내부를 살피며 욕심이나 분노 또는 어리석음을 벗겨내고자 노력했다. 그렇게 한 덕분에 기회가 찾아와 그는 가족을 만났고, 나아가 허심탄회하게 아내와 장시간 머리를 맞댈 수 있었다. 그 모든 게 서두르지 않고 침착하게 사태를 지켜본 결과다.

상담을 마치고 나서 나는 많은 생각을 했다. 어떤 현상에는 수십 내지는 수백 가지 요인이 복합적으로 작용한다. 그 요인들이 충분히 무르익어 제반 조건이 부드러워질 때 관여하는 게 힘도 덜 들고 부작용도 적다. 그렇지 않고 앞장서서 끌고 가려 할 때는 아무래도 무리수를 두게 마련이고 폐해를 더 크게 만들고 만다. 그러므로 분노를 누르고 자신을 살피며 좀 더 청정하고자 노력하면 더 멋진 결과를 낳는다.

그 남자가 처해 있던 상황에서 아이가 아파서 아빠를 보고 싶다는 연락을 보내오리라고는 아무도 예상하지 못했다. 하지만 그런 일이 생기는 바람에 그의 부인도 한풀 누그러졌고, 나아가 부부가 얼굴을 마주 보며 장시간 보내면서 상황이 부드러워졌다. 앞으로 그들이 어떤 형태의 결정을 할지라도 분노로 얼굴을 붉히는 일은 줄어들 테니, 이얼마나 다행스러운 일인가.

이런 과정을 지켜보면서 나는 진정한 승리는 상대를 찌그러들게 함으로써가 아니라 상대를 순하게 만듦으로써 얻어진다는 생각을 다시금 하였다. 그런 의미에서 그 남자는 각박한 요즈음 세상에서 겉으로는 유약하게 보일지라도 오히려 보기 드물게 침착한 사람이라고 본다. 상담자인 내가 도리어 내담자인 그에게서 한 수 배운 격이니, 그와 같은 사람을 알게 되었다는 사실에 진심으로 기쁘다.

심리학자의 한마디

나이가 들어가면서 그 어떤 것보다 필요한 덕목은 너그러움이 아닐까 하는 생각을 합니다. 너그러움은 자신을 분노의 불길에서 벗어나게 해주고 상대도 유순하게 만드니 말입니다.

그냥 봐줌으로써 편안한 관계를 유지한다

나이가 들면 신체적으로 시원치 않아진다더니, 언제부터인가 발뒤꿈치가 당겨 걷기 불편할 정도였다. 여기저기 병원을 다니며 치료를 받았지만 별다른 효과를 보지 못하다가 뭉친 근육을 박리시키는 치료를 받고 가까스로 나을 수 있었다.

그런데 이 치료로 발바닥의 통증뿐 아니라 굽었던 등까지 바로 잡혔다. 뒤늦게 바른 자세를 갖게 된 나는 명의를 만났다는 반가움을 가졌고, 나를 치료해준 의사도 내가 심리학자라는 것을 알고 관심을 보였다. 그렇게 하여 우리는 의사와 환자로 만난 것을 넘어 사적인 이야기를 나눌 정도로 친분이 쌓였다.

다른 사람들도 그의 치료에 만족스러워하는 것을 보면서 나는 그가 누구보다 자기 일에 자부심을 느끼리라 믿었다. 하지만 그는 놀고 싶다는 뜻을 수시로 비쳤으며 때로는 진료 시간보다 늦게 출근하기도 했다. 이런 태도가 프로답지 않다고 여겼던 나는 그에게 일이 얼마나 소중한지를 은근히 강조했다. 일이란 단지 돈 버는 행위 이상으로 유익함을 가져다주는 거라고 말이다.

그러다 어느 날 갑자기 병원 문이 닫혔다. 간이 급격히 나빠진 의사는 입원을 해야 했고 문을 닫을 수밖에 없었다. 사정을 알고 그때서야 '아, 그는 일하는 게 힘에 부쳤고, 그래서 그토록 놀고 싶어 했던 거구나!' 하고 깨달았다. 그런 줄도 모르고 좋은 의술을 가지고 꾀를 부린다며 안타까워했으니….

의사도 자신의 간이 그토록 나쁜지 미처 몰랐던 것 같다. 그러니 내가 그에게 일의 가치를 운운할 때 그냥 듣기만 했던 게 아닐까. 아무튼 나는 겉으로 드러난 것만 보고 뭔가를 일깨워주려고 했던 행위를 부끄러워했다. 그나마 밀어붙이듯 말하지 않고 완곡하게 표현했으니 다행이었지 만약 믿거라 하는 심정에서 강경하게 말했다면 얼마나 민망했겠는가.

사람들은 모든 것을 다 말하는 게 아니고 일부분만 언급한다. 당연히 듣는 쪽에서도 모든 것을 다 아는 게 아니고 극히 일부만 알 뿐이다. 그런데도 전부를 아는 양 판단하고 가르치려 드니 갈등을 피하기 어렵다. 그래서 가능한 한 입을 다무는 게 좋다는 말이 생겨났는지도 모른다.

설사 그 의사가 일하기보다 노는 것을 더 좋아할지라도

일일이 언급하면서 불화를 만들기보다는 그냥 봐줌으로써 편안한 관계를 유지하는 게 더 나을 수도 있다. 삶을 윤택하게 하는 데는 친밀한 인간관계가 필수 항목이기 때문이다.

그렇다고 도를 넘어 남에게 손해나 상처를 주는 행위에 대해서도 입을 다물자는 것은 아니다. 비윤리적이거나 비도덕적인 것에 대해서는 분명하게 말하는 용기를 지니되, 자기 나름의 방식이라면 그냥 넘어 가주는 것도 나쁘지 않다. 사람마다 다 나름의 방식이 있고, 또 그것을 부릴 수 있는 권리를 가지고 있다.

심리학자의 한마디

사람마다 자기 나름의 방식을 갖고 있습니다. 그런 것을 그냥 봐주지 않으면 수시로 마찰하게 되니 '그렇구나!' 하고 넘어가 주세요. 누구든 결국에는 순한 사람을 좋아 하더라고요.

안 되는 것은 안 된다

제법 나이 든 신사가 아들을 데리고 나타났다. 아들이 나이는 들었어도 하는 짓이 어린애 같다며 상담을 통해 키웠으면 한단다. 아버지가 이렇게 말하자, 아들은 입을 꽉 다물며 뿌루퉁한 표정으로 나를 힐긋 쳐다보았다.

대체 무엇 때문이냐고 묻자, 그 아버지는 이루 다 말할 수 없다는 식으로 한숨을 쉬었다. 나는 다시금 상담소에 오시게 된 계기가 뭐냐고 물었고, 그는 나를 한참 응시하다 입을 열었다.

얼마 전 아들에게 자동차를 한 대 뽑아주었다. 그런데 아들이 차를 그야말로 누더기로 만들어놓았단다. 귀를 틀어막을 정도로 붕붕 소리가 크게 나게 튜닝했고 외부는 온갖 도색으로 무당집을 연상케 했고, 내부에는 온갖 장신구를 붙여 너덜너덜하게 만들어놓았다.

사업을 한다는 그는 반지르르한 머리에 칼처럼 주름 잡힌 신사복 바지, 그리고 광택으로 반짝이는 구두가 돋보이는 사람이었다. 반면에 아들은 덥수룩한 머리에 후드티를 입은 모습이 마치 덤불에서 자다가 방금 나온 사람 같았다. 외관만 보아도 그의 아버지와 큰 대조를 이루었다.

나는 그 아버지에게 인격적인 성장을 겨냥하는 상담은 시간이 오래 걸린다며 과연 아들이 그런 상담을 원하는지 궁금하다고 말했다. 특히 그런 상담을 받기 위해서는 본인의 자발적인 동기가 있어야 하는데 의문이라고 전했다.

하지만 그 아버지는 아들을 고쳐야 한다는 생각에만 몰

두할 뿐 내 이야기를 귀담아듣지 않는 듯했다. 벌을 내리 듯 아들에게 상담을 잘 받으라고 지시하고는 바쁜 일이 있 다며 급히 자리를 떴다. 홀로 남겨진 아들은 나를 멀뚱멀뚱 쳐다보았고, 나 역시 무슨 말을 어떻게 시작해야 할지 몰라 그냥 바라보았다.

잠시 후 내게 상담을 받아볼 의향이 있느냐고 그에게 물었다. 그러자 그는 나쁠 것 없다고 대답했다. 그렇게 해 서 그와 나는 상담이라는 명목 아래 자주 만나게 되었다.

성장 과정을 살펴보니 그는 학업적인 면에서 늘 뒤처졌 다. 자수성가한 그의 아버지는 매우 강직한 성격의 소유자 였는데, 그의 어머니는 남편의 비위를 맞추고 사느라 정신 이 없었단다. 아들이 어느 정도 자라자 어머니는 아들의 부 족함을 감추기 위해 끊임없이 안달하며 아들을 잠시도 편 안하게 두지 않았던 듯했다. 어머니의 과도한 잔소리에 겉 돌았던 그는 고등학교를 졸업한 이후 대학교는 가지 못했

2장 인생의 중반부

고, 자동차를 꾸미는 동호회에 가입해 재미를 붙이며 지내는 중이었다.

자동차를 꾸미는 게 좋으냐고 묻자, 그는 신바람을 내며 차를 어디 가서 어떻게 고쳤는지 설명하기에 여념이 없었다. 그 동호회 세계에서만큼은 기죽지 않고 지내는 것에 대해 아주 뿌듯해했다. 나는 묵직해지는 마음을 금하기 어려웠다. 그의 아버지는 아들을 수준 높게 키워달라고 부탁했지만, 그 아들의 수준은 어린애처럼 낮았고 변화시키기 어려웠기 때문이다.

그의 의식이나 안목을 향상하려 해도 도무지 통하지 않았다. 그리하여 나는 결국 그 아버지에게 부모가 아들의 눈높이에 맞추어야 서로 편하다고 일러주었다. 이미 타고난 성향이나 그릇은 좀처럼 변화하지 않는다는 사실을 절감했다.

세상에는 잘난 사람들만 사는 게 아니다. 못났으면 못

난 대로 자기 나름 살아갈 권리를 가지고 태어난다.

이 세상의 특징은 다양성이다. 생김새도 각양각색이고, 안목도 제각각이고, 기호도 다 다르다. 이토록 제각각인 세상살이에서 욕심을 부리며 자신의 기대대로 배우자나 자녀를 변화시키려 했다가는 서로가 괴로울 뿐이다. 안 되는 것은 별도리가 없다는 것을 받아들일 줄도 알아야 한다.

> **심리학자의 한마디**
>
> 잘 산다는 것은 자신이 할 수 있는 최선을 다하는 것입니다. 대상을 자기 욕심대로 변화시키려 했다가는 서로 괴롭고 고통스러울 따름입니다. 한두 번 해도 안되면 부디 마음을 비우도록 하세요.

분란한 가운데서 차분한 태도를 유지한다

일을 마치고 밤에 집으로 오니, 깨진 수박과 뭉그러진 포도가 수북이 널려 있었다. 그 옆에는 흥건히 젖어 찢긴 종이상자가 놓여 있고…. 함께 사는 조카에게 무슨 일이냐고 물으니, 배송된 물건들을 정리해놓은 거란다. 어지러운 가운데 복수박 2개 정도만 멀쩡했다.

발송인이 누구인지 살펴보는데 모르는 사람이었다. 주소가 맞는 것으로 보아 전에 살던 사람에게 온 것인 듯했다. 제대로 확인도 하지 않고 상태가 나쁘다며 서둘러 정리해놓았으니 원상태로 돌려놓기도 어려웠다. 일단 찢긴 종이상자, 으깨진 수박과 포도 등을 사진으로 찍어놓고 분리수거를 했다. 그런 다음 나는 식탁 위에 놓여 있는 복숭아를 베어 먹었는데, 그것이 잘못 배송된 것 중의 하나라는 사실을 뒤늦게 알았다.

다음 날 조카에게 배송 회사에 연락해 주인을 찾아 사태를 알리라고 하며 혹시 모를 갈등을 방지하기 위해 촬영한 사진을 주었다. 그러고는 그 일에 대해서는 잊고 말았다.

이틀 후 출근하는 내게 경비 아저씨가 전에 살던 여자에게서 항의 전화가 왔다며 전화번호를 알려주었다. 나는 사무실에 도착해 전화를 걸어 그동안 벌어진 사태에 대해 말하며 실수로 먹은 복숭아는 배상하겠다고 했다.

그런데 상대방 여성은 자신의 물건을 즉각 돌려주지 않는 것에 대해 화를 내며 나를 남의 물건에 손을 대는 치사한 인간으로 취급하는 게 아닌가. 순식간에 불쾌해져 맞대 응하고 말았다.

이러한 모습을 지켜보던 조카가 불만을 터트렸다. 일을 맡겼으면 일원화시켜 처리해야지, 중간에 내가 불쑥 전화 를 걸어 사태를 키우면 어떻게 하냐고 했다. 자기는 그 여 자에게 배송 회사에서 번호를 늦게 알려주는 바람에 연락 이 지연되었고, 우리는 물품에 일절 손대지 않았다고 전했 고, 성한 물품은 찾아가도록 복도에 내놓기로 말한 상태라 고 했다. 그런데 거기다 나는 복숭아에 손을 댔다고 실토해 말의 불일치가 이루졌으니, 자기는 뭐가 되냐고 했다.

다음 날 어떤 남자가 내 휴대전화로 집요하게 연락해왔 다. 잠시 후 다시 하라는 메시지를 보내도 막무가내로 계속 전화를 걸어왔다. 결국 나는 상담을 하던 중 전화를 받아 일을 마친 후 통화하자고 말했다.

일을 마치고 전화를 거니, 상대방은 물건을 보낸 발송

인이었다. 그는 수취인인 딸이 물품을 찾았다며 연락을 취해왔는데 자신이 보낸 것보다 턱없이 모자란다고 말했다. 그러면서 잘못 배송된 물건이 있으면 즉시 배송 회사에 연락하면 도로 회수해가는데 왜 남의 물건에 손을 댔느냐고 야단쳤다. 나는 실수로 물건을 풀어서 정리하고 말았다는 상황을 설명하며 사과했다. 그러자 그는 수박이 다 터지진 않았을 텐데 성한 수박은 싹 빼고 으깨진 포도나 돌려주었다고 거세게 항의했다. 서로 목소리를 높이다 이상한 생각이 들어 잠깐 기다리라 해놓고 집으로 연락을 해 확인해보니, 그때야 조카가 아뿔싸 하는 거였다. 옆으로 치워놓은 멀쩡한 수박 두 개를 깜빡하고 빠트렸다는 것이다.

그 순간 나는 너무 어이가 없어 그런 것을 잊어버리면 어떻게 하느냐고 소리쳤고, 조카는 누구는 잊어버리고 싶어 잊어버리느냐며 울먹였다. 어쩌겠는가! 나는 발송인에게 백기 투항하듯 잘못했다고 사죄했지만, 그는 이미 신용을 잃었다며 소리쳤다.

그는 자기네가 잘못 보낸 실책도 있으니 절반의 금액으로 10만 원을 배상하라고 요구했다. 복숭아 반쪽과 수박 두 개에 대한 배상치고는 과했지만, 군말 없이 송금하는 것으로 사태를 마무리 지었다.

그날 나는 좀처럼 잠을 이루지 못했다. 우리 측의 노고는 아랑곳하지 않은 채 양아치 취급한다고 소리를 높이다 결정적인 과실을 발견하고 납작 엎드렸던 게 참담한데다, 찬찬히 살펴보면 별것 아닌 일에 벌컥 흥분했던 나의 용렬함이 창피했다. 살면서 이렇게 부끄러울 수가 또 있을까.

돌이켜보면 이 사태에서 연루된 모두가 다 억울한 상황이었다. 이렇게 분란한 가운데서 차분한 태도를 보이면 아무도 억울하지 않았을 텐데, 오히려 나는 분한 마음에 휩쓸려 분란을 키우고 말았다. 이러고서도 갈등이나 문제의 해결을 돕는 상담자라고 할 수 있는지, 한없이 부끄러웠다.

정말, 정신 바짝 차려야 할 것 같다. 그렇지 않으면 요란한 빈 수레가 되고 말 게 뻔하다.

심리학자의 한마디

언제 어디서고 흥분하면 실수를 하게 마련입니다. 상대가 무례해도 차분하게 응대하는 게 이기는 길임을 명심하고, 자신의 품위는 자신이 지키도록 하세요.

자신의 직분에 열중한다

　남편의 퇴임을 앞둔 어느 부인이 조만간 사회생활의 굴곡을 다 내려놓게 된다며 후련해했다. 그런데 얼마 지나지 않아 그 부인은 내게 와 한숨을 쉬었다. 남편의 출중한 능력 덕분인지 어느 정치인이 출마를 앞두고 남편에게 러닝메이트로 함께 뛰어보자는 제안을 해왔단다. 이런 제안에 남편은 잠자던 욕망이 꿈틀거렸는지 동요하기 시작했다고 한다.

　나는 그런 이야기를 들으며 힘에 대한 남편의 욕망을

무슨 수로 막겠느냐며 그냥 각오하는 편이 낫겠다고 했다. 부인은 내 말에 고개를 끄덕이면서도 내켜 하지 않았다. 예상치 못한 소용돌이가 휘몰아쳐 고생하게 될지 모른다는 두려움이 올라온다고 했다.

나는 이번 상담 회기에서 부인에게 남편이 무엇을 하든 꿋꿋하게 자신의 직분에 열중하라고 일러주었다. 여기에서 '자신의 직분'이라고 하는 것은 그동안 자신이 하던 대로 충실히 살라는 의미였다. 하던 일이 있으면 그 일을 지속하고, 주부로 지냈다면 그냥 그 자리를 지키는 게 남편을 돕는 태도가 아니겠느냐고 했다. 그러자 그녀는 무슨 말인지 알겠다며 고개를 끄덕였는데, 그녀의 확실한 이해를 돕기 위해 며칠 전 집단상담에서 있었던 예화를 간략히 들려주었다.

집단상담에 참석한 어느 부인의 얼굴이 많이 상해 있었

다. 야망이 큰 남편이 정치를 하겠다는 바람에 20년 이상 고생을 한 결과였다. 단란한 가정을 꿈꾸었던 부인은 초반에는 죽기 살기로 말렸지만 남편은 막무가내였다. 이혼을 하는 것 외에 달리 방법이 없다는 것을 깨달은 부인은 남편과 뜻을 함께하기로 마음먹었다. 남편을 사랑하기 때문에 이제는 죽어도 같이 죽고 살아도 같이 살겠다고 단호하게 말했다. 이렇게 비장감을 내보이는 부인을 바라보며 나는 착잡했다. 남편을 사랑한다는 이유로 함께하겠다는 말이 무척 감동적으로 들리긴 하지만, 성공 확률이 낮은 선거전에 뛰어들었다가 또다시 실패하면 어찌 견디겠나 싶어 걱정스러웠다.

입 댈 수 있는 범위를 넘어서는 그녀의 사안에 대해 내가 머뭇거리자, 공동 작업자로 함께 집단상담을 실시하는 철쭉 님이 조심스럽게 말했다. 정치란 돈과 줄이 있어야 하는데 그것을 모를 리 없는 그녀의 남편이 포기하지 않는 것은 중독되었기 때문이기도 하지만 어딘가 믿는 구석이 있어서가 아니겠느냐고 했다. 그러자 부인이 모르겠다고 대꾸하자, 철쭉 님은 부부지간일지라도 서로 모르는 게 있기 마련이라고 말했다. 그러면서 덧붙이기를, 이럴 때 아내가 크게 도움을 줄 정도로 막강하지 않다면 남편과 함께 죽겠다며 뛰어들 것이 아니라 자기 일을 하는 게 낫다고 했다. 그래야 남편이 어떤 결과를 맞이하더라도 돌아올 수 있으니 그것이 진정한 내조가 아니겠느냐는 것이다.

이런 이야기를 들은 부인은 자기가 잘 모르더라도 남편이 어딘가 믿는 데가 있다는 말에 위로가 되었는지, 아니면 막막하던 차에 그나마 방향을 잡을 수 있게 되었기 때문인지 가까스로 얼굴을 펴기 시작했다. 광경을 지켜보던 나 역시 철쭉 님의 말에 수긍하는 바가 있어 고개를 끄덕였다. 남의 사정을 잘 알지 못하는 상태에서 선거 결과를 함부로 예단하는 오류를 범해서도 안 되고, 그 남편이 막대한 돈이

　　　　　　　　　　　2장 인생의 중반부

드는 정치에 미련을 두는 이유가 믿는 구석이 있다는 증거일 수도 있고, 이미 의욕이 고갈된 아내가 남편과 함께 뛰어봤자 그 영향력이 아주 미미한 것에 불과할 테고, 그런 상태에서는 실패를 대비해 별도의 작업을 하는 것이 최악의 상황에서도 살아남는 방어선이라는 것을 이해했다.

이러한 내용을 설명하자, 러닝메이트로 뛰게 될 남편을 둔 그 부인은 자신이 취해야 할 태도가 무엇인지 이해하는 듯했다. 그래서였는지 밝은 얼굴로 상담실을 나갔다.

아무리 관계가 가까워도 부부는 서로 다른 개체로서 포부를 달리 하는 존재다. 다 아는 것 같아도 서로 모르는 영역을 가질 수 있다. 꼭 함께하는 것만이 돕는 게 아니라 만약을 대비해 달리 노선을 잡을 수 있다. 상대가 아무리 소중하거나 가까워도 우리 각자는 자신의 삶을 살아갈 따름이다.

예기치 않은 상황에 다다랐을 때는 밑도 끝도 없이 고민할 게 아니라 단순하게 자신이 할 수 있는 게 무엇인지 살펴 그것에 충실한 게 상책이다. 나아가 피를 나눈 자녀와의 관계에서도 어느 정도까지는 관심과 걱정을 나누어야 하지만 정도를 넘어서면 언제 그랬느냐는 듯이 본래의 상태로 돌아와 내 삶을 사는 게 바람직하다. 잠시 살다 가는 이 세상살이에서 너무 애 터지게 고민하다가는 정말이지 상하기나 할 뿐이다.

심리학자의 한마디

그 어떤 것도 기본이나 바탕이 충실히 받쳐주지 않으면 유지되지 않습니다. 그러므로 함께 뛰기보다 나는 나대로 기저선을 탄탄히 하겠다는 태도를 갖는 것도 중요합니다.

2장 인생의 중반부

공과 사를 구분하여 우선순위를 정한다

　어느 부인이 남편과 싸우고 달려와서 하소연했다. 남편이 수시로 약속을 어기곤 했는데, 얼마 전에도 또 그랬다는 것이다.

　함께 여행을 떠나기로 계획했는데, 남편은 급하게 처리해야 할 회사 일이 있다며 여행 직전에 취소했다. 전에도 그런 일이 있을 때마다 아내인 자기를 뒤로 밀쳐두는 것 같아 씁쓸했다. 언제나 자신은 남편을 최우선 순위로 여겼는데, 남편은 늘 자신과의 약속은 대수롭지 않게 취급하는 것 같다며 그녀는 눈시울을 붉혔다.

잠자코 듣다가 어느 시점에 이르렀을 때 그녀에게 물었다.

"다른 이유면 몰라도 회사 일 때문이라면 어쩔 수 없는 거 아닌가요?"

"그래도 저와의 선약을 먼저 지켜야 하는 것 아니에요?"

그녀가 선약에 방점을 두고 말하자 나는 심호흡을 하며 나직이 읊조렸다.

"선약이라…."

그녀는 내 태도가 심상치 않았는지 서둘러 말했다. 자기는 자녀를 키울 때 어린 자녀와 한 약속을 꼭 지켰다고. 경중을 따지며 먼저 한 약속을 소홀히 하는 것은 바람직하지 않다고. 사람을 존중하는 것은 이해득실을 따지지 않는 태도라고 그녀는 힘주어 말했다.

50대 초반쯤으로 보이는 그 부인은 상당히 고지식해 보였다. 그 정도 나이가 되면 절대적인 질서나 윤리를 따르기보다 상황에 따라 신축적인 태도를 보이는데 그녀는 여전히 젊은이처럼 완고했다. 이런 그녀를 바라보며 나는 오래전에 있었던 일을 떠올렸다.

재직하던 학교에서 학과장으로 있을 때였다. 심리학과에서는 매년 심리극psycho-drama을 공연하는데, 학교에서 지원금을 받기 때문에 예의상 보직을 맡은 각 부처 처장들에게 초대장을 보냈다. 이윽고 첫 공연 때 학과의 모든 교수가 관람 장소에 갔는데 거기에 교무처장이 와 계셨다. 학교에서 가장 바쁜 보직자 중 한 사람인 교무처장이 와 있을 줄 몰랐던 나는 감사하다고 깍듯이 인사했다.

관람을 마치자, 우리 학과의 원로 교수가 교무처장에게 함께 저녁 식사를 하자고 제안했다. 그러자 그분은 좋다며 수락했고 그 순간 옆에 있던 나는 당황하면서 선약이 있어 먼저 가봐야 한다며 함께하지 못해 죄송하다고 말했다. 그러자 원로 교수와 교무처장 모두 뜨악한 표정을 짓다가 이내 그렇다면 가보라고 했다. 다른 몇몇 교수들도 나를 힐끔 쳐다보는 듯했다.

그날 그 자리에 갈 수 없었던 이유는 다름 아닌 상담 약속 때문이었다. 심리극을 마치고 다 같이 식사하러 간다는 사실을 좀 더 일찍 알았다면 내담자에게 전화해 양해를 구했을 테지만…. 그런 이야기가 나왔을 때는 이미 내담자가 상담을 받기 위해 출발했을 시간쯤이어서 취소하기도 곤란했다.

아무튼 나는 내담자와 상담을 마치고 찝찝함이 가시지 않아 철쭉 님에게 전화를 걸어 자초지종을 말하고 그럴 때는 어떻게 하는 게 좋은지 조언을 구했다. 내 말을 들은 철쭉 님은 기가 막힌다는 듯이 한숨을 쉬며, 공과 사를 구별

할 줄 모르는 사람이 무슨 상담을 한다고 하느냐며 부끄러운 줄 알라고 쓴소리를 했다.

나는 아이와 한 약속일지라도 먼저 이루어졌다면 그것을 우선시하는 게 올바른 태도가 아니냐고 주장했다. 그리고 이런 태도가 사람을 차별하지 않는 올곧은 행동이라고 배웠다는 말도 덧붙였다.

하지만 철쭉 님은 선약이냐 후약이냐의 문제가 아니라 공과 사를 구분하지 못한 게 문제라고 했다. 내가 교수로 재직하는 한 내담자와의 약속보다 교수로서 해야 할 역할을 우선해야 한단다. 즉 나에게 있어서 교수로서의 활동은 공적이고, 상담자로서의 활동은 사적인 것이라고 했다. 더구나 과장직을 맡고 있으므로 내가 앞장서서 교무처장을 모셨어야 했다는 것이다.

이미 내담자가 출발한 시간인데 취소 전화를 하면 내담자가 얼마나 실망하겠느냐고 내가 다시 반문하자, 그럴 때는 내담자의 실망을 없애기 위해 다양한 방식으로 보상책을 모색해야 한다고 했다.

나는 그녀에게 아내와의 약속은 사적인 거고 회사 일은 공적인 활동이 아니냐고 물었다. 그리고는 오래전에 내가 겪었던 일을 말해주자, 그녀는 다소나마 마음이 누그러지는지 웃으며 무슨 말인지 알겠다고 했다. 하지만 번번이 자기를 실망스럽게 만드는 남편에게 약 오르는 심정을 피할 수 없다고 했다.

나는 그녀가 한쪽으로 치우치지 않고 이해하는 것과 약 오른 감정 모두를 표현하는 것에 반가워 고개를 끄덕였다. 그러면서 그녀나 나나 고지식한 면에서는 서로 비슷한데 다음 생에서는 여자로 태어나지 말자고 덧붙이며 우회적으로 위로해주었다. 그랬더니 그녀는 "맞아요. 맞아요."를 연발하며 큰 소리로 웃었다.

뒤늦게 일어나도 공적인 일이라면 그것을 우선시해야 한다는 말에 반감을 느낄 수 있습니다. 하지만 사람들 사이에서 부대끼지 않으려면 중요도에 따라 유연하게 대처하는 방법을 익히셔야 합니다.

마음을 잘 다스려 휘말리지 않는다

타박타박 산책을 하다가 길가 양옆은 물론 주위가 온통 연초록빛으로 뒤덮여 있다는 사실을 깨달았다. '아, 두 달 전만 해도 모든 게 무채색이었는데. 어느덧 이렇게 아름다운 색깔로 뒤덮여 있구나!' 하며 놀라운 변화에 전율했다. 늘 다녔던 익숙하기 이를 데 없는 길이지만, 일시에 모든 게 새롭게 눈에 들어왔다.

환희에 휩싸여 이리저리 둘러보는데, 어느 쪽을 봐도 온통 초록빛이었다. 문득 싱그러운 초록 세계에 점 하나가 되어 서 있다는 사실이 눈물겨웠다. 그야말로 축복이고 경이로움이었다.

사람들은 이러한 감동을 자기 나름의 틀로 이해하고 정리한다. 하느님을 믿는 기독교 신자는 그런 엄청난 아름다움을 하느님이 아니고 누가 만들어내겠느냐며 찬탄한다. 그게 바로 하느님이 현존하신다는 증거란다.

저번에도 어떤 분이 아름다운 광경 앞에서 하느님의 현존과 위대함을 느낀다고 말씀했다. 나는 그 말을 듣고 빙긋이 웃으며 끄덕였다. 하느님께 영광을 돌리는 그 마음이 순수하게 여겨졌다.

그러다가 그냥 지나치지 못하고 내가 불교도라는 것을 생각했다. '형성된 모든 것은 다 변화하기 마련이라는데, 이 순간에도 모든 것은 변화의 물결 속에 있겠지!'라는 생각을 하고야 말았다.

곧이어 똑같은 광경을 두고 종교에 따라 그토록 달리

인식한다는 사실이 새삼스러웠다. 종교가 결정적인 순간에 다르게 영향을 끼친다는 것을 또다시 발견하는 한편, 아무런 마찰 없이 달리 각자가 느끼거나 생각하고, 나아가 그것을 표현하며 나눈다는 게 고마웠다.

그런 것이 왜 그리 고마웠는가 하면, 오래전에 동유럽을 여행한 적이 있었다. 그때 사람이 살지 않는 빈집이 곳곳에 있어 의아했었다. 더구나 돌로 지어진 집들 외벽에는 총성 자국도 심심치 않게 보였다. 어찌 된 일이냐고 물었더니, 안내자는 가톨릭교도들이 이슬람교도들을 죽이거나 축출했던 흔적이라고 설명했다. 그 당시 설명을 듣고, 오래된 민족 간의 갈등이지만 종교의 이름으로 어찌 그런 잔인한 일이 벌어질 수 있는지 몸서리쳤다.

문득 정신을 차리고 보니, 초록빛으로 주변이 뒤덮여 흥겨워하다 그만 마음이 엉뚱한 데로 튀어 헤매고 있었다.

종교의 틀에 붙었다가 다시금 동유럽의 내전 사태로까지 튀었으니, 그야말로 마음은 종횡무진으로 내달린다.

이처럼 밑도 끝도 없이 떠도는 마음, 그래서 마음의 중심을 잘 잡아야 어떤 것에도 휘말리지 않을 수 있다. 그렇지 않고 방심하면 편견이나 망상으로 마음이 들썩이니 마음을 잘 간수하는 일은 참으로 중요하다.

담백하게 바라보는 데서 그치지 않고, 연상에 연상을 거듭하며 휘몰아치니 마음은 늘 분주하기 이를 데 없다. 좋은 것을 보면 좋아서 그 속에 빠지고, 나쁜 것을 보면 더더욱 혐오하는 마음에 빠져드는 게 사람이지 싶다.

심리학자의 한마디

잘하거나 재밌어하는 것을 할 때는 시간 가는 줄 모르고 마음도 순일해집니다. 나아가 무엇을 하든 그것을 지긋이 바라볼 때는 욕심이나 분노 따위가 마음에 눌어붙지 못한다고 합니다.

사람의 마음을 얻는 것이 가장 값지다

3장

◆

인생의 후반부

평범함이 가진 가치에 대해
곱씹다

평생에 걸친 자신과의 연애

평소 다니던 산책길을 벗어나 벚나무들이 즐비하게 늘어선 길을 택했다. 거기에는 명사들의 명언들이 코팅되어 나뭇가지에 달려 있었다. 하나씩 음미하며 걷는데, 특히 다음의 구절이 마음을 사로잡았다.

"자기를 사랑하는 것은 평생에 걸친 자신과의 연애다."
— 오스카 와일드^{Oscar wilde}

이러한 구절이 유달리 마음에 와닿았던 것은 요즈음 접

했던 몇몇 사람에 대한 딱한 마음 때문이었다. 그들은 다른 사람들보다 경제적으로는 여유로웠어도 무료함을 이기지 못해 부유하는 듯했다.

그들도 젊었을 때는 발달 과업을 이룩하느라 다른 사람들 못지않게 바쁘게 살았다. 하지만 어느 정도 궤도에 오른 40~50대에 이르러서는 딱히 할 일을 찾지 못하며 지냈다. 그들이 주로 하는 것은 맛집을 찾아다니거나 고가의 명품에 눈독을 들이는 것이었다.

종종걸음 치는 시기를 넘기고 나서 한가롭게 맛집을 찾아 다니는 게 왜 나쁘겠는가. 또 고가의 물품 한두 개쯤 지니는 것이 뭐 그리 나쁘겠는가. 하지만 어쩌다 한 번이어야지 허구한 날 그런 것에 열중하면 지루하기 짝이 없다.

인본주의 심리학자 매슬로Maslow는 욕구를 5단계로 나누어 설명했다. 첫째 단계는 생리적 욕구, 둘째 단계는 안정의 욕구, 셋째 단계는 사회적 욕구, 넷째 단계는 존경의 욕구, 다섯째 단계는 자아실현의 욕구라고 정의했다. 젊었을 때는 하위 욕구를 위해 열심히 움직이고, 나이 들어가면서는 상위 욕구로 이동을 해야 제대로 성장하는 것이라고 한다.

이 이론의 강조점은 욕구들이 일종의 위계를 이룬다는 것이다. 하위 욕구가 충족되어야 비로소 그다음 욕구로 이동한다. 만약 무슨 일이 있어 하위 욕구가 무너지면, 그 사람은 아래 단계로 내려가 다시금 순서를 밟는 식으로 상위 욕구를 향하는 게 정상이란다. 그뿐만 아니라 하위 욕구가 채워졌는데도 상위로 이동하지 못하고 거기에 머문다면 그것 역시 건강한 게 아니다. 그러니까 나이에 따라 욕구가 상위로 올라가야지, 한곳에 고착해 있으면 건강한 삶을 사는 게 아니라는 뜻이다.

굳이 매슬로의 이론을 들먹이지 않더라도 우리는 죽을 때까지 자신의 삶을 좀 더 값지도록 노력하는 작업에 몰두해야 한다는 생각에 공감한다. 그렇게 하는 게 생동감 있는 삶, 즉 잘 사는 삶이다. 그렇지 않고 익숙한 것에나 안주하면 고인 물이 썩듯 삶도 핏기 잃은 후진 것으로 변질되고 만다.

얼마 전 40대 후반의 어떤 여성이 옛 친구들을 만났는데, 다들 남편과 아이 뒷바라지에 관한 이야기를 하며 의기양양하더란다. 독신이었던 그 여성은 친구들 앞에서 기죽지 않고 "너희는 가정을 이루고 가족에게 헌신하며 살지만, 나는 자신에게 투자하는 식으로 대학원에 다니며 전문성을 키워가고 있다."라고 말했단다. 그러자 친구 한 명이 자기를 부럽다는 듯이 바라보았는데 순식간에 다들 부러워하는 표현을 했단다. 그러면서 덧붙이기를, 자기 연민에 빠지지 않고 열심히 자기 발전을 꾀하며 살았다고 했다.

이런 이야기에 나는 손뼉 치듯 반갑게 응수했다. 가정

을 이루고 사는 것도 괜찮지만, 자신을 사랑하며 자기 발전을 도모하는 삶도 충분히 가치 있다는 생각에서였다.

어떻게 하는 게 자신을 사랑하고 발전시키는 것일까? 방식은 사람마다 다르다.

일단 의식주가 원만할 정도로 궤도에 오른 다음에는 다시 도약하자는 진지한 마음가짐이 필요하다. 무엇을 향해 도약하는 게 좋을까? 여기에는 미뤄두었던 취미 활동, 남을 이롭게 하는 봉사 활동, 미적 가치를 추구하는 예술 활동, 내적 성장을 도모하는 종교 활동 등 여러 가지가 있다. 그러니까 처음부터 최상의 것을 선택하고자 우물쭈물하기보다 자연스럽게 자신의 취향이나 기질에 맞게 또는 자신의 능력이나 수준에 맞게 찾아가는 게 좋다. 어떤 노선을 취하든 열심히 연마하는 과정을 통해 자신을 심화시켜갈 수 있다. 그렇게 해 자신의 눈이 깊어지면, 매슬로의 욕구 위계 이론에서처럼 또다시 더 나은 것을 향하지 않겠는가.

그런 의미에서 나는 산책길에서 음미하게 된 "자기를 사랑하는 것은 평생에 걸친 자신과의 연애다."라는 문장을 가슴에 새기며 고개를 끄덕였다. '그래, 그 어떤 대상보다 자신을 사랑하는 게 가장 내실 있는 작업이지!' 하는 마음에서였다.

> **심리학자의 한마디**
>
> 자신을 있는 그대로 수용하는 게 자신을 사랑하는 가장 첫 번째 작업입니다. 벽돌을 하나씩 쌓아가듯 꾸준히 하다 보면 어느덧 제법 성장해 있는 자신을 발견할 수 있을 거예요.

어른의 역할

　상담을 진행하면서 내담자가 바로 코앞에서 어떻게 하는 게 좋으냐고 묻는 말에 난감할 때가 더러 있다. 심리 역동적인 것에 대해서는 어렵지 않게 대꾸하겠는데, 지금 당장 어떻게 하는 게 좋은지를 물어올 때는 어떤 게 합당한지 좀처럼 확신이 서질 않는다.

　얼마 전에도 남들이 부러워할 만한 직장에 다니는 어떤 남성이 고민을 털어놓고 해결책을 구했다. 그는 A 부서에 근무하고 있지만 추후 B 부서로 이동하는 게 여러모로 유리하다고 생각했다. 그리하여 연말에 이동하고 싶다는 말을 팀장에게 해두었다.

그런데 며칠 전에 팀에서 고난도의 IT 일을 맡게 되었는데, 자기 외에는 그 작업에 대해 아는 이들이 없었다. 온갖 사람들이 질문하거나 도움을 청하는데 이때 척척 다 들어주었다가는 지금 부서에서 자기를 놓아주지 않을 거 같았다. 그리하여 잘 모르겠다며 뜸을 들이다가 요청을 들어주어야 할지, 아니면 아는 대로 즉각 대꾸해야 할지 고민이 된단다.

나도 그가 유능성을 발휘하는 게 좋을지, 아니면 이동을 위해 미적거리는 게 나을지 얼른 판단이 서지 않았다. 머뭇거리다가 다른 분에게 조언을 받아도 되겠느냐고 물어본 다음 철쭉 님에게 전화를 걸었다.

간략히 설명을 들은 철쭉 님은 단호한 어투로 잘 아는 내용을 가지고 미적거리는 것은 직무유기라고 잘라 말했다. 좀 더 나은 곳으로 이동하고자 숱한 사람들이 애를 쓰는데 본인이 뭐가 그리 잘나서 미적거리느냐며 오히려 자신의 유능성을 발휘하는 게 유리하단다. 즉, 이쪽에서 잡아둘까 봐 소극적인 태도를 보이는 것은 단견으로 자기에게 더 손해를 끼친다고 했다.

이런 이야기를 들은 남성은 고개를 끄덕였고, 여타의 문제들을 그런 방향으로 정리하는 듯했다. 그러면서 뭔가 개운하다는 듯이 웃었다.

상담을 마친 뒤 나는 어른의 역할에 대해 곱씹었다. 아이든 어른이든 살아가면서 판단하기 어려운 일들을 수두룩하게 만난다. 그럴 때마다 간단하게나마 일러주는 사람이 곁에 있다면 한 세상 살아가기에 얼마나 수월할까. 이쪽으로 갈지 저쪽으로 갈지 방향만 알아도 살아가기가 덜 두렵다.

어느덧 우리의 가족 형태는 핵가족으로 변했고, 그 와중에 부모 모두 일하느라 바빠 아이들을 학원으로 뺑뺑 돌리기 일쑤다. 학업 능력을 키우는 데만 열을 올리지 심리적인 안정의 도모는 중요하게 여기지 않고 있다.

가정에서 부모가 해주지 못한 것을 학교에서라도 보완해주면 좋으련만, 언제부터인가 가정이든 학교든 온통 성적에만 열중한다. 그러다 보니 학업 능력은 뛰어나도 다른 면에서는 어린애 수준에 머무르는 이들이 수두룩하다. 즉 지성과 감성 간의 불균형이 심해 부작용을 심하게 겪고 있다. 두 수레바퀴의 크기가 서로 비등해야 멀리 달릴 수 있는데, 한쪽 바퀴는 크고 한쪽 바퀴는 작아 조만간 멈춰 설 것 같은 모양새이다.

자녀를 잘 키우고 싶어 하는 부모라면 다른 무엇보다 어른의 역할에 눈을 떠야 한다. 자녀가 방향을 잡지 못해 주춤거릴 때 한두 마디로 거들어주는 어른의 역할을 한다면, 자녀는 수많은 시행착오를 줄일 수 있다.

나는 부모나 상담자 모두 자녀나 내담자를 위해 부단히 커야 할 사람들이라고 여긴다. 어른으로서의 안목을 갖추지 못하면 뭐가 뭔지 잘 몰라 헤매는 자들에게 아무런 도움이 되지 못하기 때문이다.

심리학자의 한마디

우리 사회에서 부모나 스승 또는 상담자는 어른의 범주에 속하는 사람입니다. 그러니만큼 밝은 눈을 갖기 위해 부단히 노력하며 연마해야 하는 사람이라는 것을 잊어서는 안 됩니다.

어느덧 고희를 맞아 알게 된 사는 맛

부모님은 내게 세상을 살아갈 때 가장 중요한 것은 성실함이라고 가르쳐주셨다. 결과가 어떻든 최선을 다하면 언제 어디서고 떳떳할 수 있다고 일러주셨다. 그런 덕분에 나는 뭔가를 하면 열심히 하는 편이다.

그런데 그것만으론 충분치 않다는 것을 알려준 사람이 있다. 철쭉 님은 내게 빠꼼이처럼 자기 일에만 몰두하지 말고 주변 사람을 살피라고 종종 말했다. 성실하고 예의 바르면 다 되는 줄로만 알았던 나는 사람을 살핀다는 게 무슨 말인지 잘 몰라 갸우뚱했다.

　많은 사람이 모인 파티 석상에서였다. 내가 시종일관 앉아 있으니까, 철쭉 님은 수장 격인 내가 앉아서 식사나 하면 되겠느냐며 각 테이블을 돌면서 사람들에게 인사를 하라고 일러주었다. 자기를 알아주는 사람이 있다는 인식을 확실히 심어주어야 모임의 결속력이 높아진다는 것이다.

　하지만 사람들에게 인사말을 건네는 것을 쑥스럽게 여겼던 나는 뭉개듯 가만히 있을 따름이었다. 그러자 안 되겠는지 철쭉 님은 홀로 각 테이블을 돌며 우스갯소리로 사람들을 박장대소하게 했다.

　철쭉 님과 나를 중심으로 한 학술 단체인 심연회 파티에서 나는 번번이 철쭉 님의 기대를 저버렸고, 그러자 철쭉 님은 어느 시점에서부터 혼자서 그 역할을 해왔다. 간혹 미안함이 솟구칠 때 한두 번 철쭉 님의 뒤를 따르며 한마디씩 거들기도 했지만, 대체로 나는 사람들과 말을 섞는 데 미온적인 태도를 보였다.

코로나19 확산으로 심연회 회원들은 몇 년 동안 행사를 자제하며 지냈다. 그러다 코로나19가 완화되고 어느 정도 규제가 풀리자, 심연회에서는 1박 2일 단풍놀이를 계획했다. 오랜만에 개최되는 단체 여행으로 단풍 명소인 백양사와 내장사를 간다고 하니까, 많은 회원이 기지개를 켜듯 출동했다. 나도 들뜬 감정으로 새벽부터 부산을 떨며 6시 30분에 집결지로 나갔고, 버스가 고속도로에 진입하자 고단함을 풀고 눈을 붙였다.

왁자지껄하는 소리에 눈을 떠보니, 철쭉 님이 버스 통로에서 한 걸음씩 뒷걸음질 치며 익살을 떨고 있었다. 철쭉 님은 한 사람 한 사람을 대상으로 싱거운 소리를 건넸고, 그 말을 들은 대상은 앙살을 부리듯 소리 질렀다. 그러면 옆에 앉아 있는 사람을 비롯해 근처 사람들은 박장대소하며 웃음을 터트렸다.

그런 광경을 바라보며 '아, 저 양반께서 흔들리는 버스에서도 애를 쓰시는구나!' 하며 나는 나직이 신음하였다. '아무리 입담이 좋아도 36명이나 되는 사람을 일일이 그렇게 웃음 짓게 만들기란 쉽지 않을 텐데.'라는 생각을 하며 숨을 깊게 들이마셨다.

도착지에 다다라 철쭉 님에게 사람들의 흥을 돋우느라 애쓰셨다고 감사 인사를 드렸다. 그러자 철쭉 님은 이렇게 대꾸했다.

"말이 안되는 소리를 해야 즐겁지, 장 교수처럼 되는 말이나 해서는 어디 웃을 일이 있겠소?"

"그러네요! 그런데 말이 안되는 소리를 어떻게 그렇게 술술 하시지요? 한두 사람도 아니고 그 많은 사람에게!"

"그러니 내가 얼마나 피곤하겠소. 하지만 그렇게 하지 않으면 안 돼요. 입을 꾹 다물고 있으면 이 여행이 뭐 그리

즐겁겠소?"

"만약 철쭉 님이 오시지 않았으면 어쩔 뻔했나 싶어요. 주변머리 없는 저는 사람들의 흥을 돋우지 못하고 그냥 조용히 따라다니기만 했을 테니 말입니다."

누군가가 끼어드는 바람에 더는 대화를 이어가지 못했지만, 나는 '말이 안되는 소리를 해야 사람을 웃음 짓게 만든다.'라는 철쭉 님의 말을 곱씹었다. 그러면서 백양사 일대를 거니는 일행들을 살펴보니, 철쭉 님이 그렇게 애써준 덕택인지 다들 하나같이 즐거워 보였다.

어느덧 고희를 맞고 보니 사람 사는 게 별것 아니라는 생각이 든다. 쩌렁쩌렁 호령하던 영웅호걸도 세월 앞에서는 무릎을 꿇는다고, 생성된 것은 모두 소멸하게 마련이라고 하지 않던가. 만물의 영장이라며 태양이라도 딸 듯이 호기를 부리던 사람도 결국은 사그라들고 만다.

이러한 세상살이를 하면서 어떤 게 잘사는 것인지 의문을 품지 않을 수 없다.

생사에 대한 해탈을 꿈꾸는 구도자라면 모든 걸 버리고 없애는 삶을 산다지만, 우리 일반인은 그런 식으로 살아갈 수 없다. 내일을 대비하기 위해 비축하며 준비해야 하고 좀 더 풍요롭고 행복하게 살기 위해 온갖 노력을 기울여야 하는 게 우리의 삶이다.

과연 어떻게 하는 게 풍요롭고 행복한 삶을 준비하는 것일까? 그건 다름 아니라 인간관계를 풍성하게 하는 것이라고 단언할 수 있다. 우리의 행복이나 불행은 바로 관계에서 비롯하기 때문이다. 가족이나 친지 또는 측근 사람과 재미있게 지내면 잘 사는 것이고, 그들과 불화를 빚거나 썰렁하면 아무리 대단한 것을 이루었어도 쓸쓸하게 마련이다.

이번 단풍놀이를 기해 관계의 중요성을 다시금 가슴에

새기며 좀 더 사람들을 향해 다가가자고 다짐해본다. 끝까지 남의 노고에 의지해 살 수는 없지 않겠는가.

심리학자의 한마디

우리를 살맛 나게 해주는 것은 측근과의 친밀한 인간관계입니다. 그러니 상대가 다소 부족해도 그냥 넘어가고 또 넘어가 주어 좋은 관계를 유지합시다.

3장 인생의 후반부

죽음 앞에서의 마음가짐

알고 지냈던 김 사장님이라는 분은 화려한 학벌과 그에 버금가는 경력을 지녔다. 특히 컴퓨터를 능하게 다룰 수 있어 은퇴 후 동문회 카페지기를 하며 자신이 만든 다양한 제작물을 선보였다. 그림과 음악뿐 아니라 글쓰기도 잘 하셔서 나는 그분의 제작물을 즐겨 감상했다.

그런데 어느 때부터인가 김 사장님은 정치에 관심을 두면서 고교 연합회를 결성해 주말마다 태극기를 들고 광화문을 누비기 시작했다. 삭발을 감행하기도 하고…. 나라

걱정에 밤잠을 설치는 남편의 행동에 아내 되시는 분이 질색했지만, 그렇다고 불붙은 열정을 말릴 순 없었다.

이랬던 분이 길 가던 중 뇌경색으로 운명하셨다는 비보가 날아왔다. 간간이 만나 담소를 즐겼던 나로서는 놀라움을 금하기 어려웠다. 그 다재다능하던 분이 어쩌자고 갑자기 떠나셨나 해서 아깝기 그지없었다.

이미 80대라 그리 젊다고는 할 수 없지만, 그래도 지금은 100세를 사는 시대 아닌가. 믿기지 않는 심정으로 빈소를 찾으니, 사모님의 황망해하시는 모습이 가슴을 저리게 했다.

사람들은 으레 자기가 어느 정도 병마와 씨름하다 눈을 감을 거라고 여긴다. 그래서인지 세상을 하직할 때 신변 정리를 할 시간적 여유가 있으리라고 믿는다. 하지만 갑자기 세상을 떠나는 이들도 적지 않다. 도무지 예측할 수 없는 세상살이에서 본인이 어떠한 형태로 하직할지는 아무도 모

3장 인생의 후반부

른다.

하루하루를 마지막인 양 만반의 준비를 하며 살아야 겠다. 소중한 사람이 떠났을 때 어떤 자세로 견뎌야 할 지, 자신의 상태가 회복 불능일 때 어떤 마음가짐으로 임할지를 다져두어야겠다.

삶이란 원래 그렇게 덧없는 것일 따름이라고 가볍게 여기는 것도 한 방법이다. 마냥 무탈하게 살아갈 것을 기대했다가는 나동그라지기 십상이다. 너나 할 것 없이 모든 존재가 그렇게 사라지는 것인데 뭘 그리 당황해하느 냐고 자신에게 단단히 일러두면 아무래도 낫지 않겠는가.

얼마 전에 읽은 소책자의 제목이 「껍데기는 버리고 알 맹이를 찾아서」였는데, 문득 그 제목이 떠올랐다. 우리 곁 에 더는 잡아둘 수 없어 애통해하는 대부분이 사실은 껍데 기에 불과한 게 아닐까. 책에서는 진짜에 해당하는 알맹이가 생로병사를 겪는 신체에 있는 것이 아니며, 그렇다고 정신에 있는 것도 아니라고 한다. 정신 역시 생멸이 너무 빨라 잡을 수 없을 따름이지 덧없기는 마찬가지란다.

그렇다면 알맹이란 무엇일까? 진정으로 가치 있는 것은 정신에 의지하여 생겨나는 것들로 신심信心, 선업善業, 수행修行과 같은 것들이라고 한다. 하지만 이러한 것들의 가치를 아직 절절하게 실감하진 못했다.

아직 실감하지 못하는 불확실한 것을 논하기는 좀 그렇지만, 그러한 핵심 가치들을 지향하면 적어도 껍데기에 집착하는 마음은 덜해지지 않을까 한다. 마음은 한 순간에 두 가지에 집중하지 못하므로 핵심 가치들에 관심을 두면 두는 만큼 상대적으로 껍데기에 집착하는 마음은 약해질 것이 분명하다.

사실, 엄밀히 말해 우리가 애착을 두는 세상이란 수많은 변화 속에서 진통을 자아내는 고달프기 짝이 없는 것들

이 아닌가. 그 속에서 삶을 영위하는 우리는 눈만 뜨면 이
런저런 걱정을 하거나 지난하게 움직여야 한다. 약육강식
으로 온갖 비극이 펼쳐지는 동시에 시기나 모함이 난무하
는 곳이 이 세상이며, 여기에서 살아남기 위해서는 남들보
다 더 강력한 경쟁력을 갖추어야 한다. 그렇지 않으면 고통
을 겪는 것은 물론 정신적으로도 피폐해지기 일쑤다.

　　그렇다고 아무런 걱정이나 할 일이 없으면 그것도 무료
해 견디기 어렵다. 무용지물로 젖혀진다는 느낌을 면하기
위해서는 적당히 긴장도 해야 하는데, 적정선을 유지하는
게 얼마나 어려운지.

　　덜 슬프고 덜 당혹해지려면 무엇보다 '나'라는 중심성
을 탈피해야 한다. 내 곁에 상대가 머무르지 않아서 슬프
다거나 또는 이 세상에서 자신도 조만간 퇴장당할 것이라
는 두려움을 넘어서기만 하면, 남아 있는 생을 한결 가뿐하

게 맞이하며 지낼 수 있다.

삶이 고해라더니

    수시로 개최하는 집단상담에는 많은 사람들이 참석한다. 지지나 공감만이 아니라 호되게 직면도 해준다는 현실역동 집단상담, 그래서인지 찾는 사람들이 많은 편이다.

    다른 곳을 돌아다니다가 무섭다고 소문난 이곳을 찾아왔다는 사람도 있고, 혼날 것을 각오하고 맷집을 키우고 왔다는 사람도 있고, 오기 싫었는데 억지로 등 떠밀려 왔다는 사람 등 참석 동기도 다양하다. 이렇게 각양각색의 사람들이 한자리에 모여 서로에게 거울 역할을 해주는 집단상담에서는 매번 다양한 사연이 펼쳐진다.

얼마 전에 열린 집단상담에서는 유독 심각한 문제들이 많이 펼쳐졌다. 남편에게 심한 폭행을 당했으면서도 애들을 키울 요량으로 표정을 잃고 사는 부인, 도박에 빠져 집안의 재산을 탕진하며 허우적대는 청년, 외도 대상인 남자가 거액을 요구하는 바람에 초췌해진 여교사, 노모의 봉양 문제를 놓고 형제들과 칼부림을 했다는 남자 등 각각의 사연은 심각하기 이를 데 없었다.

집단상담에서는 누군가가 말하면 그에 대해 피드백을 주고받으면서 깨어남을 촉진하는데, 이번 집단상담에서는 좀처럼 정리되지 않고 어수선했다. 피드백을 수용하지 못하고 빡빡 고집을 피운다거나, 핵심적인 내용은 간과하고 지엽적인 것에나 매달려 시비를 걸거나, 시종일관 남을 가르치려고 들어 질리게 하는 등 기존의 습성을 좀처럼 탈피하지 못하는 모습들이었다.

이들과 힘겹게 씨름하다 문득 '세상살이가 고해라더니, 과연 그렇구나!' 하는 생각이 절로 들었다. 개중에 좀 나아 보이는 사람도 있었지만, 그들 역시 만만치 않은 애환을 갖고 있었다. 가령, 욕구불만으로 온통 짜증스러워하는 중년 부인, 그와는 반대로 아내가 계속 잠자리를 거부해 울분에 휩싸인 젊은 남자, 방 안에서 두문불출하는 아들을 둔 부인 등 저마다 삶의 무게에 눌려 있었다.

인간은 한시적인 삶을 살다 때가 되면 퇴장하는 존재인데, 어찌하여 우리는 잠시의 기간을 그토록 고달파하는 것일까? 사람들이 보이는 문제 행동에 중간중간 개입하면서도 나는 그러한 의문점에 골몰했다.

여러 상념이 어수선하게 떠도는 가운데 불현듯 '존재 자체가 문제이구나.' 하는 생각이 스쳤다. 생명체로 이 세상에 던져진 이상 한 몸을 유지하기 위해 잠시도 가만히 있을 수 없는 게 바로 '우리'라는 존재이다. 배고프지 않도록 먹이를 마련해야 하고, 추위로부터 몸을 보호해야 하고, 위험에 노출되지 않도록 집도 지어야 하고…. 어디 그뿐이랴. 경쟁에서 밀리지 않도록 부단히 애써야 하는 것은 물론 각종 위치에 따른 역할도 그때그때 잘 수행해야 불화를 막을 수 있다.

이렇게 애쓰는 게 고달프다고 포기할 수도 없다. 목숨을 부여받은 한 사는 데까지 살아야 하는 게 우리의 운명이다. 그러한 운명을 거역하고자 극단적인 선택을 하면 만만치 않은 파장을 몰고 오기 때문에 함부로 나대서도 안 된다.

그렇다면 어떻게 해야 그나마 덜 힘들게 살 수 있을까? 아무 생각 없이 그냥 살았다가는 언제 어디서 격랑에 휩쓸릴지 모른다. 그리하여 삶을 유지하는 데 필요한 최소한의 고단함은 어쩔 수 없을지라도 그 고단함을 키우는 것은 막을 수 있지 않을까 하는 생각을 해본다.

일단 크게 욕심을 부리지 않아야겠다. 우리가 욕심내는 대부분은 나를 구성하는 감각기관을 즐겁게 충족시키는 것으로부터 시작된다. 눈으로는 근사한 형색을 추구하고, 귀로는 좋은 소리를 듣고자 하고, 코로는 좋은 냄새를 원하고, 입으로는 맛난 음식을 추구한다. 그런데 이런 대상들이 추구하는 갖가지 우열의 대상들은 지나고 보면 다 거기서 거기이지, 그리 대단한 차이를 보이지 않는다.

즉 지나놓고 보면 별것 아닌 것을 두고 욕심부리며 피곤하게 살 필요가 있느냐는 것이다. 그리고 하나 더 추가해보자면, 자신을 포함한 모든 존재에 대해 '너도 살아가느라 애쓰는구나!' 하고 안쓰러워하는 마음을 가져보면 어떨까 한다. 어린아이도 눈만 뜨면 삶의 경로를 밟아가느라 무진 애를 쓰고, 어른은 어른대로 구실을 다하기 위해 고군분투한다. 뭐 하나 쉬운 게 없는 세상살이를 하느라 누구나 다 고생한다. 그러니 서로 보듬으며 살면 그나마 위로가 되지 않을까.

좋은 것일수록 단순한 것에 있다

이른 새벽에 안양천으로 산책 다닌 지 어언 10년이 넘었다. 근래에 천변 개발이라는 명목으로 공사가 이루어질 때마다 마음이 조마조마하다. 푸드덕거리는 꿩들이 사라질까 봐 야생 그대로이기를 바라면서도 다른 한편으로는 예쁘게 단장한 정원이 들어서면 좋겠다 싶다.

다행히 철새 보호구역으로 지정되어서 손대지 않는 곳이 있다. 그 곁을 지날 때마다 혹시 꿩이 있는가 하여 귀를 세우곤 하는데, 오늘 아침에는 개망초가 군락을 이루며 꽃

피운 정경이 눈에 들어왔다.

안된 말이지만 볼품없는 꽃을 열거하라면 개망초꽃을 빼놓을 수 없다. 서너 댓 뼘 정도의 키에 자디잘게 피어 있는 하얀 꽃들은 그리 시선을 끌지 못한다. 이러한 잡초지만 군락을 이루어 꽃을 피우니 뭉게뭉게 일어나는 구름 같다. 간간이 끼어 있는 노란 꽃과 어우러져 있는 모습도 단일성을 고집하지 않는 듯해 순해 보인다.

언제부터인가 도드라지지 않는 것들에 마음이 가기 시작했다. 무엇을 계기로 그랬는지는 명확하지 않지만, 있는 듯 없는 듯 살아가는 모습이 썩 괜찮아 보인다. 애틋해 보이기도 하고 아무 데도 구속되지 않는 것 같아 자유로워 보이기도 한다.

뽐내려는 욕구가 생명체의 특성이라지만, 그로 인해 얼마나 고단하게 사는가. 돋보여야만 살아남을 수 있는 여건이라면 할 수 없겠지만, 굳이 그러지 않아도 되는 여건 속에서도 우리는 잘나기 위해 안간힘을 쓴다. 그러느라 자신이 피곤해지는 것은 물론이고 주위 사람들에게 위화감을 주기도 한다.

얼마 전에 몇몇 사람이 모인 곳에서 우연히 학교에 관한 이야기가 나오자, 어떤 사람이 목소리에 힘을 주는 듯했다. 자기는 남들이 다 알아주는 명문대 출신이라는 것이다. 그러자 질세라 다른 사람이 왕년에 자기가 어떤 일을 했었는지 말하며 은근히 뻐겼다. 마치 젊은이가 군대에서 호기를 부리는 것처럼 자랑하는 분위기에 나는 씩 웃었다. 젊거나 늙거나 잘나고 싶은 욕망은 어쩔 수 없는 것인가 해서다.

욕구에 기초한 것들은 아무리 훌륭해도 생멸의 굴레를 벗어나는 것들이 아니란다. 즉 그리 대단한 게 아니고 우리가 참으로 욕심내야 할 것은 생멸을 능가하는 것들이라고 한다. 바로 이 지점에서 주춤하게 되는데, 우리를 둘러싸고 있는 거의 모든 것들은 덧없는 속성을 지닌 것들이기 때문이다. 이러한 것들을 더더욱 귀하게 여길지 아니면 그냥 흘러가도록 내버려둘지 판단이 잘 서지 않는다.

사실, 우리는 수도자가 아니고 욕구 충족을 중시하는 일반인이다. 그리하여 불멸의 가치를 추구하는 일은 수도자들에게 넘기고, 일반인인 우리는 덧없는 것일지라도 욕구에 어느 정도 충실해야 하지 않을까.

며칠 전 모임에서 은근히 서로 으스대던 광경을 목격하고 머릿속이 복잡하던 차였는데, 군락을 이룬 개망초꽃들을 보는 순간 와락 마음이 거기에 가 붙었다. 바라봐주는 이가 없어도 피고 지는 꽃들이 자유로워 보인다느니 순하다느니 하는 생각의 나래가 펼쳐졌고, 마침내는 이렇게 글로 풀어내기까지 하고 있다.

아무튼 정리하자면, 근사해지고 싶은 욕망이야 어쩔 수 없어도 으스대거나 우쭐하는 몸짓은 좀 그렇다. 치기 어린 모습을 보이는 어른은 아무래도 어린애처럼 보인다.

언제 어디서고 그저 자신이 할 수 있는 최선을 다하면 그것으로 충분하다. 돋보이고 싶은 욕구도 그렇게 살면 어느 정도 충족될 테고, 치기 어린 과시욕도 최선 속에 용해되어 버리기 때문이다.

좋은 것일수록 단순한 것에 있지 않을까 하는 생각을 다시금 해본다.

심리학자의 한마디

오늘도 잘난 척, 있는 척, 배운 척 우쭐대지는 않았는지 살펴봅시다. 기품은 촐랑거리지 않는 수수함에서 나온답니다.

평범함이 가진 가치에 대해 곱씹다

남의 덕에 산다는 말을 실감한다

학술 단체 심연회에서는 매년 시끌뻑적지근한 송년회를 개최해왔다. 한 해를 마무리하면서 묵은 때를 훌훌 벗어던지고 새로운 마음으로 신년을 맞이하자는 취지에서였다. 행사를 위해 11월이 되면 문화부에서는 전원을 조별로 나누고, 조장을 중심으로 각본을 짜 춤과 노래를 연습하느라 야단법석을 떨곤 했다.

코로나19로 송년회가 한동안 중단되었다가 며칠 전 다시 선보였다. 그동안 갑갑하게 지냈던 탓인지 회원들은 다른 어느 때보다 열심히 준비하는 열성을 보였다. 멋들어진 춤과 노래를 연출했다. 임강쇠로 분장한 이가 불룩불룩한 근육을 내보이는 옷을 입고 등장하면 팔도 미녀들이 호들갑을 떨며 고혹적인 춤을 추는 등 모습과 내용이 다양했다.

각 팀의 기상천외한 공연을 보며 어찌나 웃었는지 몸을 가누기 힘들 정도였다. 회원들뿐만 아니라 웨이터들도 공연에 취해 일손을 멈추었다. 같은 층 옆 홀에서 송년회를 하던 다른 모임의 사람들도 우리 홀을 기웃거리며 '저렇게 놀기도 하는구나!' 하며 부러워했다.

송년회를 마친 다음 날 깨어보니 얼굴이 부어 있었다. 너무 많이 웃었기 때문인지 아니면 두어 잔 마신 포도주 때문인지 확실하진 않지만, 즐겁던 지난밤이 꿈만 같았다. 그렇게 거침없이 웃었다는 게 진기하기만 했다.

익숙해진 나머지 그러려니 하고 살지만, 사실 산다는 게 얼마나 고단한 나날을 이어가는 것인가. 눈뜨기만 하면 일어나 씻고 단장을 마치는 대로 일터로 줄달음친다. 그리고는 온종일 부과된 일을 처리하느라 여간 씨름을 하는 게 아니다. 녹초가 되어 집으로 돌아와서는 또다시 자질구레한 집안일을 하다 잠자리에 든다. 아무것을 하지 않아도 되는 시간을 맞이할 때는 이미 퇴물이다. 이러한 나날을 이어가며 병원을 오가다 마침내는 세상을 하직하고 만다.

반복적인 일상 속에서 우리는 간혹 일탈을 꿈꾸기도 한다. 그렇게 함으로써 지루함을 잊고 다시금 힘을 낼 수 있기 때문이다.

남의 덕에 산다는 말을 실감한다. 심연회가 선사하는 송년회 모임이 없었다면 어디 가서 그런 박장대소하는 기쁨을 즐길 수 있겠는가. 감사한 마음이 들어 뭉클해지는 동시에 그동안 정적인 것의 가치에 치우쳐 사람들 간의 시끌뻑적지근함이 지닌 생명력을 경원시하지 않았나 하고 되돌아본다.

사람이 사람답게 살기 위해서는 필히 사람 속에서 살아야 한다. 고단함을 이기고, 정겨움을 느끼고, 나아가 함께하는 즐거움이 있어야 한세상을 그런대로 지낼 수 있다.

불변하는 어떤 진리에 눈뜨거나 아니면 그 속에 잠기고자 하는 소망은 그리 일반적이거나 대중적이지 않다. 인간은 의미나 보람을 추구하는 고등동물로서 잠깐씩은 그러한 소망을 가질지라도 대개의 사람은 인생이란 본래 그렇게 덧없는 것이라고 여기며 산다. 그러니까 대다수가 주어진 현실에서 그토록 현세적인 만족을 위해 전력투구하는 게 아닌가 싶다.

그럼에도 굳이 그것을 초월하고자 하는 바람, 과연 그것은 무엇에 기인한 것인지 잘 모르겠다. 그래서 많은 즐거움을 선사한 사람들에게 감사하는 마음이 크게 밀려오는 오늘과 같은 날에는 마음이 복잡하다. 이것은 이래서 좋고, 저것은 저래서 좋은데 자꾸 비교하려는 마음 때문이다. 비교하는 그 자체가 아직 덜 야물었다는 방증임을 뻔히 알면서도 나는 여전히 그 짓을 하고 있다.

심리학자의 한마디

비교하거나 궁리하는 것을 살아 있음의 징표라고 볼 수도 있습니다. 비교나 궁리를 굳이 중단하려 하기보다 더 나아지기 위한 나름의 시도로 수용하면 어떨까요.

3장 인생의 후반부

애착을 두는 만큼 괴로움이 생겨난다

오전 일정이 여유로워 비스듬히 앉아 잠시 쉬었다. 그러자 용이가 몸을 붙이며 배를 드러내어 긁어주니 동그란 눈으로 나를 빤히 바라본다. 10살인 용이에게 얼마 전 쿠싱이라는 질환이 나타나서 병원에서 약 처방을 받아왔다.

지난 20년 동안 세 마리의 강아지를 키웠다. 다 같은 시츄 종으로 모두 순했어도 타고난 성향은 달랐다. 첫 강아지였던 한이는 침울한 듯 고집스러워 그가 앞장서는 대로 따라다녀야 했고, 앙증맞았던 새침데기 방실이는 잔머리로

곧잘 웃겼으며, 용이는 유달리 감기는 강아지였다.

한이가 일찍 병들어 죽었을 때 나는 거의 한 달을 울먹였다. 그립고 딱하고 안타까운 마음을 어쩌지 못해서였다. 하지만 한참 뒤 방실이가 15살이 되어 무지개다리를 건넜을 때는 늙으면 으레 병들어 죽게 마련이려니 하고 비교적 담담하게 받아들였다. 사람보다 수명이 짧은 탓에 별다른 일이 없으면 용이도 먼저 내 곁을 떠날 것이다.

용이의 배를 긁어주며 이런 생각에 잠겼다. 이 세상 모든 것은 변화하게 마련이라는 것, 그래서 한시도 고정된 상태로 있지 못한다는 것. 불변하는 영원성이 없다는 사실을 자각했다. 그토록 사랑스러워하던 강아지들을 떠나보내는 과정을 겪었기 때문인지, 생성된 것은 모두 다 소멸해가는 모습이 선연히 보이는 듯했다.

천천히 고개를 끄덕이며 나 또한 그러한 과정에 있으며, 내게 소중한 대상들도 그러한 도상에서 점점 스러져가고 있다는 사실을 감지했다. 그 순간 심호흡을 하며 어느 날 갑자기 마주치게 될 어떠한 상황에서도 크게 당황하거나 슬퍼하지 말자고 다짐했다. 원래 삶이란 그렇게 덧없이 왔다가 사라지는 것인데 뭘 놀라겠느냐 해서다.

우리의 삶을 바닷물에 비유하는 글이 있다. 바람에 잠시 솟아오른 물방울은 이내 바닷물로 돌아가듯이 우리의 삶도 그렇다. 그 잠시의 과정에서 어떠한 형상이었든 바닷물로 돌아갈 때는 개별성이 없어진다. 생명이란 그렇게 잠시 왔다가 사라지는 것인데 애착을 두어 뭣하겠느냐는 것이다.

나라는 자아 자체가 물방울처럼 한시적이기에 그것을 넘어서려는 게 모순인지도 모른다. 많은 사람이 생명이 덧없다는 것을 몰라서가 아니라 그것이 허망하여 극구 초월을 꿈꾸는 게 아닐까.

나 또한 한때는 불변하는 것만이 참되다고 여겼다. 하지만 어디를 목표로 하느냐 하는 것은 각자의 눈높이에 따라 스펙트럼을 이루기 때문에 어떤 게 더 낫다고 말하기는 어렵다. 어디까지나 자신의 선택이다.

산다는 자체가 고달픔이고, 그것을 넘어서려면 욕심이나 분노 또는 어리석음에 기초한 갈증을 벗어던져야 하고, 그러려면 실상을 직시해야 한다. 특히 우리를 고통스럽게 하는 것은 사랑스럽고 즐거운 것들이기 때문에 조심하지 않으면 상하게 마련이다. 애착을 두면 두는 만큼 괴로움이 생겨나기 때문이다.

사유는 이렇게 하면서도 실제 생활에서는 달리 행동하고 있는 나는 용이를 연실 쓰다듬으면서 아프지 말고 오래오래 내 곁에 머무르기를 간절히 바랐다.

이런 내 마음을 아는지 마는지 용이는 꿈틀거리며 내게

몸을 더욱 찰싹 붙인다. 어쩌자고 이 부실한 내게 그토록 의지하는지! 그 믿는 모습이 딱해 뭉클해지는 이 마음은 또 무엇인지!

사랑이란 그렇게 옳고 그름을 모르게 하는 독약인 것 같아 그냥 한숨을 쉬고 만다. 그러자 용이가 무슨 일인가 하고 특유의 동그란 눈으로 나를 빤히 바라본다. 출근 시간을 앞두고 용이와 나는 순간을 영원인 양 그렇게 즐겼다.

> **심리학자의 한마디**
>
> 우리는 모두 소멸하는, 즉 죽음을 피할 수 없는 딱한 존재들입니다. 서로를 측은하게 여기고 보듬으며 살아갑시다.

평범함이 가진 가치에 대해 곱씹다

행복한 노년을 보내기 위해서는

잘 알고 지내는 어느 80대 남자가 자기네 부부는 이틀에 한 번꼴로 외식을 하러 다닌다고 말했다. 그렇게 하니까 아내가 자신에게 이런 날이 올 줄 몰랐다며 기꺼워한단다. 이런 이야기를 들려주며 껄껄 웃는 그의 주름진 얼굴에는 얼핏 냉소가 감도는 듯했다.

몇해 전에 아내에게 치매 증상이 나타났단다. 그때만 해도 아내를 다독이기보다 정신 차리라고 버럭 소리를 지르곤 했는데, 그래서였는지 아내의 증세가 심해져 급기야 입원까지 해야 했다. 아내는 꼬박 1년 6개월이나 입원해 있었고 그동안 자녀들은 세네 번밖에 면회를 오지 않았다. 일요일마다 교회는 꼬박꼬박 나가고 부부 동반으로 영화 관람이나 외식은 번질나게 하면서도 어머니 병문안에 대해서는 그토록 소홀하다는 사실에 그는 내심 놀랐다고 한다.

아내도 없는 집 안에서 나이 든 남자가 혼자 지낸다는 사실은 무척 고통스러웠다. 아내가 입원해 있는데 사람들을 만나 우스갯소리를 하기도 뭣해 외출을 자제하다 보니 온종일 입을 열 일도 없었고, 그런 생활에 우울 증세가 심해져 자살 충동을 느끼기도 했단다.

천만다행으로 아내의 상태가 호전되어 퇴원했는데, 그때부터 그는 아내를 위해 태어난 사람처럼 온갖 정성을 기울였다. 지금도 아내가 여전히 답답한 행동을 보이면 부지불식간에 소리를 질렀다가도 얼른 비위를 맞춰준다고 했다. 그는 누군가가 집에 있어서 말을 붙일 수 있다는 사실,

그것 하나만으로도 얼마나 다행인지 모른다고 했다.

그의 말이 이어졌다. 자녀는 아무리 소중해도 키울 때나 애틋하지, 다 자라고 나면 남과 다를 바 없다고 했다. 출가하고 나면 어딘가에 내 자식이 있다고 생각할 따름이지 그 이상 아무것도 아니란다. 낳고 키워준 어머니에게도 무심한 자식들인데 뭣 하러 그들에게 유산을 남겨주려고 애쓰느냐고. 자기는 살아생전에 아내와 아낌없이 쓰다 죽기로 했다는 것이다. 젊었을 때는 돈 버는 일에 신경 쓰느라 아내와 썩 사이좋게 지내지 않았지만, 즉 썩 잘 맞는 사이가 아니었어도 늘그막에 자기에게 가장 필요한 대상은 아내뿐이지 다른 사람이 아니라고 했다.

그런 이야기를 들으며 사이가 좋든 나쁘든 서로에게 가장 도움이 되거나 필요한 대상은 배우자라는 사실을 다시금 확인했다.

3장 인생의 후반부

종족 보존에 대한 사명을 떠안은 생명체로서의 특성 때문인지는 몰라도 우리는 자녀가 태어나면 거의 무한정으로 애정을 쏟는 데 반해 배우자는 소홀히 하기 일쑤다. 아니 소홀히 하는 존재 정도를 넘어서 원하는 만큼 자기를 도와주지 않는다고 비난을 퍼붓는다. 자녀는 자신의 유전인자를 물려받은 혈육으로 당기게 마련이고, 배우자는 돌아서면 남이기 때문일까? 아무튼 배우자에게는 소홀하거나 짜증스러워하면서도 자녀에게는 거의 무조건적인 우리의 태도, 한 번쯤 되돌아볼 일이다.

　　아무리 가까워도 자식은 자립할 때가 되면 부모 곁을 떠나 자기 나름의 삶을 살아가는 존재다. 동고동락하며 함께 늙어가는 존재는 배우자뿐이다.

　　이 엄연한 사실을 우리는 얼마나 의식하며 그 대상의 가치를 얼마나 인정하고 있는지…. 대상을 존중한다는 것은 선택에 대해 책임을 지는 태도다. 어쨌거나 배우자로 만난 이상 다소 맞지 않아도 그러려니 하고 감싸 안아야지. 그렇지 않으면 서운함을 넘어 원망을 사는 것은 물론 선택에 대해 무책임한 사람으로 전락하고 만다.

심리학자의 한마디

자기에게 가장 필요한 대상은 배우자임을 잊지 마세요. 배우자를 아껴주고 사랑하는 게 바로 자신을 사랑하는 길이랍니다. 하루에 한 가지씩이라도 잘해주세요.

세상의 모든 것은
다 나름의 가치를 지니고 있다

운전을 시작한 지도 어느덧 40년이나 되었다. 나의 흠허물 중 하나는 차를 험하게 다루는 것이다. 자신은 물론 타인의 안전과 직결하는 사안이니만큼 운전은 특히 조심해야 하는데, 바쁘다는 이유로 나는 차를 휙휙 몰았다. 자동차는 내게 그저 수송의 의미일 따름이었다.

15년 가까이 쓰던 작은 자동차를 대대적으로 수리해야 한다고 정비소에서 말했다. 이미 낡을 대로 낡은 차를 수리해서 쓸 것인지 아니면 새 차를 구매할 것인지 망설였다.

마침 그때 나의 운전 습관에 대해 질색하던 분이 이렇게 말했다.

"이제 나이도 들어 마지막 차가 될 테니 죽기 전에 좋은 차 한번 몰아보세요. 그동안 사치할 줄도 모르고 일만 하며 살았으니 그럴 만한 자격이 되어요."

생의 마지막이라는 말에 혹했던 나는 고개를 끄덕였고, 그래서 제법 고급스러운 차를 사게 되었다. 그런데 막상 새 차를 인수하면서 작동법에 관해 설명을 듣던 나는 '아뿔싸, 차를 모시는 꼴이 되겠구나!' 하고 나지막이 신음했다. 편의를 도모하는 것이라기보다 도리어 내가 조심스럽게 모셔야 할 대형 컴퓨터 같았기 때문이다.

그 차는 온갖 복잡한 기능을 지녔을 뿐만 아니라 차체가 커서 코너를 돌 때나 주차할 때 여간 신경 쓰이는 게 아니었다. 게다가 조촐함을 강조하던 내 생활 철학에도 어긋나는 물건이었다. 그날 밤 나는 묵직함을 넘어 우울한 감정

3장 인생의 후반부

으로 일찍 잠자리에 들었다.

다음 날 육중한 차를 바라보며 '이제 와서 어쩌겠는가! 어차피 벌어진 일이니, 수용하는 수밖에.' 하고 체념하며 심란함을 다독였다. 그러고는 그 많은 작동법을 한 번에 알려고 하지 말고 필요할 때마다 하나씩 익혀가자는 심산으로 마음을 다잡았다.

돌이켜보니, 40년 전 오빠에게 운전을 처음 배울 때부터 나는 차를 조심스럽게 다루는 것을 익히지 못했다. 오빠는 담력을 키워주기 위해서였는지 너무 겁내지 말라며 처음부터 고갯길을 운전하게 했다. 그런 식으로 운전을 배웠던 탓인지 나는 별로 겁이 없었고, 차를 함부로 다루기도 했다.

지난 며칠 동안 차를 몰면서 마음에 안도감 비슷한 게 생겨났다. 전혀 예상치 못했던 감정이어서 새로웠다. 그것은 다름 아니라 물건을 곱게 다루는 데서 오는 안정감 내지는 뿌듯함이었다. 아니, 대상에 관한 떳떳함이었는지도 모른다. 그동안 물건 귀한 줄 모르고 거침없이 다뤘다는 사실에 대한 반성 같기도 하고….

문득 옛 차에 대해 미안함이 솟았다. 그 차와 이별할 때 정들었던 마음에 그동안 고마웠다고 인사를 하긴 했지만, 함께하는 동안 충분히 아껴주지 못했다는 후회가 밀려왔다. 나의 충실한 발이 되어주느라 수고가 많았는데 그것을 알아주지 못했던 게 미안했다.

앞으로는 내 가까이 있는 모든 것들을 좀 더 소중하게 다루어야겠다고 다짐한다. 여러모로 과분한 새 승용차이긴 하지만 이런 깨달음이나 반성을 갖도록 하는 것이라면, 그 나름대로 좋다는 생각이 들었다.

무엇이든 만만하고 편한 게 좋다는 기존의 생각에 어느 정도 수정을 가해야겠다. 대상이 만만하면 주체적으로 되기는 쉽지만, 동시에 조심하는 게 부족해지니 마냥 좋기만 한 것은 아니다.

다른 한편으로는 처음부터 부담스러운 고급 차를 몰았더라면 내게 조심성이 배이지 않았을까 하는 생각도 해본다. 그랬다면 지금보다는 훨씬 얌전한 숙녀의 자태를 지녔을지도 모른다.

그러고 보면 이 세상의 모든 것은 다 나름의 가치를 지니고 있는데, 그것을 있는 그대로 인식하지 못하고 멋대로 평가하면서 마치 자기 판단이 옳은 것인 양 믿고 고집하는 게 아닐까. 그렇다면 정작 우리는 자신이 만든 관념의 틀 또는 성벽에 갇혀 사는 우매한 존재가 아닌가.

고우면 고운 대로 거칠면 거친 대로 다 의미가 있다고 봅니다. 부디 넉넉한 마음으로 자신에게 닥쳐오는 모든 것을 품으세요. 그러면 세상살이가 한결 편해집니다.

큰 줄기를 바로잡아놓고
소소한 것을 처리한다

이미 70세나 되었지만, 그래도 나는 성장하는 기쁨에 늙어가는 것을 잊고 산다. 나이란 그저 숫자일 따름이라고 생각할 때가 많다.

얼마 전에 5박 6일 동안 하는 집단상담을 개최하면서 '이번에는 또 어떤 일이 벌어져 배움을 얻게 될까?' 생각하며 설렜다. 이러한 나에 대해 의아해하는 사람도 있다. 30명씩이나 되는 사람들이 어떤 식으로 소란을 피울지 걱정되지 않냐는 것이다.

사람들이 의아해하는 것도 수긍하지만, 골치 아픈 사안
이 전개될수록 배우는 게 많은 것도 사실이다. 그래서 이런
의아함을 접할 때마다 나는 신바람을 내며 집단상담이 지
닌 강점을 설명한다.

이번 집단상담에 참석한 어떤 남자는 취미 활동을 하다
가 잔뜩 빚을 졌다. 더는 버틸 수 없자 그는 하는 수 없이
노부모가 사는 집으로 들어와서 지냈다. 그러한 아들을 조
건 없이 돌보던 그의 부모는 시간이 지나자 그가 자신의 생
계를 위해 뭔가 하기를 간절히 바랐다. 하지만 그는 자립을
위해 아무런 준비도 하지 않았고, 답답해진 부모는 아들이
분발했으면 하는 심정으로 그를 집단상담에 보냈다.

억지로 떠밀려왔기 때문인지 그는 좀처럼 마음을 열지
않았다. 나를 비롯한 집단원들은 그가 자립할 마음을 갖도
록 이런저런 피드백을 던지며 자극했다. 그러나 그는 고집

스러울 만치 움쩍달싹도 하지 않았다. 아니 오히려 자신을 더 꽁꽁 싸매며 거부 반응을 보이는 바람에 대립만 증폭될 따름이었다. 이러한 과정에서 지쳤던 나는 함께 작업하는 철쭉 님을 향하여 한마디 해달라고 요청했다.

내가 작업을 하다 힘에 부쳐 도움을 청하면, 예의주시 하다가 나서주는 철쭉 님은 이번에도 기다렸다는 듯이 입을 열었다.

"당신이 사회에서 도저히 버틸 수 없어 부모가 계신 집으로 왔듯이, 현실적으로 큰 빚을 감당하는 게 불가능한 상황에서는 부모님에게 도움을 청해야 당신도 살고 부모도 살게 됩니다."

이런 말을 듣고 나는 마치 전구에 불이 번쩍 켜지듯 "아, 맞아!" 하고 소리쳤다. 나는 그에게 줄곧 어쩌자고 그 나이에 부모에게 의지하느냐며 자립할 태세를 취해야 한다고 강조했다. 하지만 철쭉 님은 나와는 정반대의 관점에서 말했다.

한두 번 말해도 듣지 않으면 방향을 다르게 잡는 유연성을 발휘해야 한다. 하지만 나는 나의 견해가 타당하다고 믿어 의심치 않고 그가 고집을 부린다고 답답해했다. 어떤 말이든 상대가 수용하지 않을 때는 여러모로 살펴봐야 하는데, 그가 고집을 부린다고 비난하는 형태를 보였으니….

어떤 일이든 큰 줄기부터 분명히 해놓고 지엽적인 것을 다루어야 제대로 진행된다. 그렇지 않으면 숲을 보지 못하고 나무만 보는 격이 되고 만다. 그에게 가장 시급한 것은 소소한 일거리를 찾는 게 아니라 자신을 옴짝달싹하지 못하게 만드는 큰 빚을 처리하는 것일 텐데, 나는 부모에게 의존하는 것은 염치없는 짓이므로 아르바이트라도 해야 한다며 지극히 원론적인 제안이나 반복했다.

나는 백기를 드는 심정으로 이번 집단상담에서 또 한

수 배우게 되었다고 토로했다. 너무 큰 어려움 앞에 놓이면 도무지 엄두가 나지 않아서 될 대로 되라는 식의 심리가 작용한다는 것. 그리고 큰 줄기를 먼저 바로잡아놓고 소소한 것을 처리하는 게 바람직한 순서임을 배웠다.

심리학자의 한마디

상대가 말을 듣지 않을 때는 비난하기보다 한발 물러서서 자신의 말에 어떤 결함이 있는지 살펴보세요. 그러면 뭔가 깨닫게 되고 그만큼 깊어질 수 있습니다.

주위 흐름에 휩쓸리지 않고
소신껏 살아간다

명상을 지도해주시는 스님이 선원을 마련하겠다는 바람을 가지고 제주도로 내려가셨다. 사실 나는 비행기를 타야만 갈 수 있는 그곳이 멀다고 여겨져 아쉬웠다. 하지만 몇 차례 다니다 보니 장시간 운전을 하지 않아도 되는 이점이 있었다. 게다가 저가 항공기가 많아 시간만 잘 맞추면 비용도 그리 많이 들지 않았다.

몇 달 전에 발간한 나의 저서 「그때그때 가볍게 산다」

를 스님께 드렸더니, 몇 꼭지 읽어보시고는 거기에 나온 어떤 농부와 비슷한 사람이 제주도에도 있다고 하셨다. 책에 서술된 농부는 인근에 사는 누님이 칠순 잔치를 하지 않았는데, 동생인 자기가 어찌 칠순 잔치를 하느냐며 아들과 실랑이를 벌이는 사람이었다.

스님이 아신다는 분은 목제 상으로 재산을 꽤 모았어도 8~9천 원 넘는 식사를 하지 않는다고 했다. 그뿐만 아니라 노부모가 해외여행을 하지 않았는데, 어찌 자기가 해외여행을 가느냐며 마다한단다.

이러한 말을 듣고 요즈음에도 그런 분이 있는가 하며 감동받았다. 부모가 누리지 못한 것을 자기가 누리는 것에 죄책감이나 부담을 느끼는 사람이라면 분명 꼿꼿한 성품의 소유자일 거라고 믿었다. 해외여행이란 돈만 있으면 언제든지 떠날 수 있는 흔한 것에 불과한데, 그러한 것에도 예사롭게 처리하지 않는다는 사실에 감명을 받았다.

언제부터인가 나는 칼칼한 사람을 그리워했다. 착하거나 친절한 사람은 꽤 있어도 꼿꼿한 사람은 의외로 드물기 때문이다. 그렇다면 어떤 사람을 일러 칼칼하다고 할 수 있을까? 주위의 흐름이나 유행에 휩쓸리기보다 자기 나름의 소신이나 기준을 지닌 사람을 의미하는 게 아닐까. 많이 배웠든 못 배웠든 그런 것에 위축되지 않는 사람, 허름한 옷을 입었어도 자족할 줄 알며 나누고자 하는 사람, 자신의 위치에 걸맞은 구실이 뭔지 분명히 알고 수행하는 사람. 이 정도면 칼칼한 사람이라고 일컬을 수 있지 않을까 싶다.

마침내 제주도에 선원이 마련되었고, 개원식에 참석했다. 행사를 마친 뒤 몇몇 사람이 돌아가며 인사를 나누는 자리에서 어느 작달막한 남자가 자신을 소개하는데, 전에 스님께 들었던 그 사람인 듯했다. 그리하여 인사말이 채 끝나기도 전에 나는 그분에게 해외여행을 가지 않는다고 하는 분 아니냐며 끼어들었다.

그러자 그분은 겸연쩍은 듯 주춤했지만 별다른 말을 하지 않았고, 나 역시 대화를 더 이어갈 명분이 없어 입을 다물었다. 하지만 내심 그분이 어떤 신념이나 가치관으로 뚝심 있게 살아왔는지 궁금했다.

다음 날 서울로 오면서 그 사람에게 그토록 관심을 기울였던 이유가 뭔가 하고 자문해보았다. 좋은 게 좋다고 이리저리 휩쓸려 다니기보다 다소 손해를 보거나 고생스럽더라도 자기 소신껏 사는 사람을 보면 듬직하고 멋져 보이기 때문 아니었을까.

소박하면서도 당당한 사람을 보면 멋져 보입니다. 그렇게 되려면 과도한 기대나 욕심을 버리고 담담해야 하지 않을까요?

사람 사는 맛은 정을 나누는 데 있다

5월은 춥지도 덥지도 않고 꽃이 피는 화사한 달이다. 그래서인지 5월이 오면 사람들의 마음은 분주하다. 어린이날이 있어 각 유원지에는 사람들이 넘쳐나고, 어버이날에 부모님께 드릴 선물을 고르느라 백화점에도 사람들이 붐빈다. 그뿐만 아니라 스승의날도 있어 교직에 있던 나 같은 사람도 덩달아 분주한 마음이 든다.

전에는 스승의날을 기려 학생들이 선물을 주거나 노래를 불러주곤 했는데, 사실 바로 앞에서 칭송을 듣고 있는 게 여간 쑥스러웠다. 그러다가 김영란법이라는 게 생겨나면서 많은 게 생략되거나 간소화되어 잘됐다 싶었다.

하지만 퇴임하고서도 상담 활동을 하는 이유로 스승의 날 즈음이면 여전히 인사를 받곤 한다. 일찍이 내게 상담을 받았거나 아니면 현재 받는 사람들이 이런 날을 기해 인사를 차린다. 손에는 카네이션 한 송이부터 꽃다발, 앙증맞은 선인장, 빵 등 소소한 선물이 들려 있다.

전에는 선물을 받으면 왠지 빚을 지는 것 같아 편치 않은 몸짓을 하며 절절매었다. 하지만 나이 들어가면서 사람들과 끈끈하게 얽히는 것도 괜찮다는 마음을 갖기 시작했다. 그런 식으로 정을 나누는 게 사람 사는 맛이지, 다른 게 뭐 있겠나 해서다. 그런 선물을 통해 존중이나 고마움을 표하는 것 같아 기쁘다.

전에 내게 상담을 받았던 상담사가 있는데, 그녀는 상

담하다가 잘 모르는 게 있으면 수시로 전화를 걸어왔다. 그러면 나는 간략하게 지침을 일러주곤 했는데, 이 상담사가 다소 힘든 게 있다며 내게 다시 상담을 받기 시작했다.

마침 스승의날 하루 전에 내게 상담받으러 왔는데, 팀원들 사이에서 소외되어 속상하다고 호소했다. 많이 서운한데 이럴 땐 어떻게 해야 하냐고 물었다. 나는 그녀에게 평소 인정을 나누어야 그런 사태를 방지할 수 있다고 대꾸했다. 그녀는 어떻게 하는 게 인정을 나누는 처신인지 잘 모르겠다고 했다.

어떻게 설명해야 그녀가 알아들을 수 있을까 고심하다가 스승의날에 빈손으로 나타난 그녀의 행동을 예로 삼았다. 평소 그토록 도움을 청하던 사람이면 이런 때를 기해 가볍게나마 인사를 차려야 하는 것 아니냐고 말했다. 그런 식의 태도라면 팀원들이 좋아하지 않을 것이라고 말했다.

내 말이 떨어지기 무섭게 그녀는 당황하며 너무 바쁜

나머지 미처 챙기지 못했다고 변명을 했다. 고개를 끄덕이면서도 사실 나는 나 자신의 낯 두꺼움에 후끈 달아 있었다. 한마디로 '왜 내게 선물을 안 했어요?' 하는 식의 말을 바로 앞에다 두고 한 셈이니 속이 좋을 리 없었다. 아무리 상대를 일깨우는 상담 상황이라지만, 그렇게 직설적으로 꼬집는 말을 하였으니…. 이런 것이 뻔뻔한 것 아니고 무엇이겠는가. 동시에 내 입에서 그런 말이 나오도록 하는 내담자에게 싫증 나는 마음이 솟기도 했다. 나 역시 점잖으면서도 곱상하게 살고 싶어 하는 사람이기 때문이다.

우리가 발을 디디고 있는 이 세상에서 잘 산다는 것은 인간관계의 풍요로움을 지녔는지의 여부로 측량할 수 있다. 아무리 재물이 많아도 측근 사람들에게 인색하게 굴어 주위에 사람이 없다면, 그 인생은 성공한 것이라고 보기 어렵다. 동물도 자기에게 친절한 사람을 좋아하는

데, 지능을 가진 사람이면 더욱 호오에 있어 명확하다. 즉, 아무런 이유 없이 누군가를 좋아하거나 싫어할 리 없다는 것이다.

이런 의미에서 그 상담자가 나의 말을 잘 소화해주기를 바랐다. 나 또한 그렇게 무안을 주고 만 내 행동에 대해 찬찬히 곱씹어볼 참이다. 그렇게 모진 말을 해도 아무런 소용이 없다면, 괜히 나만 거칠어질 필요가 없다. 조언이란 알아들을 만할 때 해주어야 효과를 내지, 보이는 대로 말했다가는 자칫 관계만 나빠지기 때문이다.

> ### 심리학자의 한마디
> 인간관계에서는 조금 손해보듯 후하게 대하는 게 잘하는 것입니다. 측근 사람들에게 매일 한두 마디씩 먼저 말을 걸어봐주거나 인사를 건네보세요.

노력도 적정 수준을 넘으면 해가 된다

오랫동안 알고 지내던 70대 중반의 지인과 담소를 나눌 자리가 있었다.

"심리학 개론은 노교수가 강의해야 한다는 생각을 다시금 하네요. 대학교에 다닐 때 젊은 교수가 개론을 어찌나 어렵게 가르치던지 흥미를 다 잃었었지요."

철학과 출신인 그분이 얼마 전부터 진행하는 내 유튜브를 보고 한 말이다. 중요한 개념을 실제 생활에 적용할 수 있게끔 쉬우면서도 재미있게 말해주고 있다고. 그렇게 할 수 있는 게 다 연륜 덕분이라는 것이다.

칭찬인 것 같아 나는 웃음 지으며 '그렇지, 전 분야를 망라하는 개론을 젊은 교수가 가르치기란 쉽지 않지!' 하고 생각했다.

일본에서는 개론을 노교수가 가르치고, 최신 연구에 대해서는 젊은 교수가 가르친다고 하는 말을 들은 적이 있다. 그런데 한국에서는 포괄적인 내용을 담은 개론을 젊은 교수나 시간강사들에게 맡기는 편이다. 그런 과목은 수강생들이 많아 출석 체크나 채점하기가 성가시고, 전공과목에 비해 깊이가 덜 하다고 여기기 때문이다. 그러나 엄밀히 말해 세부적인 전문 지식보다 더 중요한 것은 전체를 아우르는 힘과 각각의 함의를 꿰뚫어 보는 안목이다.

사실, 갓 박사학위를 딴 젊은 교수들은 자신의 특정 분야에 몰두하느라 인접 분야에 두루두루 관심을 두지 못하는 편이다. 그런데다가 젊은 혈기로 많은 것을 전달하고자 욕심을 부리는 까닭에 기본 틀을 갖추지 못한 학생들이 그런 강의를 따라가기에는 어려울 수밖에 없다.

비단 개론을 강의하는 데에만 국한하겠는가. 거의 모든 일에서도 마찬가지다. 가장 흔한 예로 처음 아이를 키우는 젊은 어머니들은 자식을 잘 키우겠다는 의욕으로 도리어 반대의 결과를 초래하곤 한다. 둘째나 셋째를 키울 때는 시행착오를 겪은 탓에 확실히 전보다는 여유롭다.

이러한 것들을 지켜보면서 성과의 저해 요인은 부족함보다는 과욕에 있다는 생각을 했다. 노력도 적정 수준을 넘어서면 도리어 해가 되고 만다. 그러니까 70대 지인이 심리학 개론을 들으면서 정작 중요한 흥미를 잃었던 것도 젊은 교수가 욕심을 부렸기 때문이지 싶다.

성과 저해 요인 하나를 더 추가하자면, 완급에 대한 조절 능력이다. 여러 가지 여건이 받쳐주면 꼼꼼하게 작업해도 되지만, 그렇지 않으면 핵심만 간략히 다루어야 한다.

그래야 전체를 아우르지, 자칫하다가는 용두사미가 되고
만다.

교수로 재직하면서 정신분석을 강의했는데, 프로이트
가 평생에 걸쳐 이론을 계속 수정하는 바람에 그 내용이 복
잡했다. 이것을 일일이 다 설명했다가는 학생들뿐만 아니
라 나 역시 지루할 게 뻔했다. 그리하여 나는 구조 이론에
해당하는 본능, 자아, 초자아가 어떻게 협동하며 발달하는
지에 역점을 두며 지엽적인 것은 과감히 쳐냈다. 그랬더니
강의가 한결 명료해졌고 수강생들도 재미있어했다.

이제는 사람들이 자신의 그릇만큼 이해하지, 상대가
많이 준다고 하여 이해의 폭이 넓어지는 게 아니라는 사
실을 안다. 욕심을 부린다고 되는 게 아니다.

전에는 상담하면서 어떻게든 내담자를 좀 더 빨리 어려
움에서 벗어나게 하려고 직면이라는 이름으로 밀어붙이기

를 마다하지 않았다. 하지만 좀처럼 변화하지 않는 게 사람이라는 사실을 인식하면서부터는 '그렇다면 변화를 도모하고자 하는 내 역할은 뭐지?' 하는 의문이나 회의를 감출 수 없었다.

그러던 중 개론은 연륜이 쌓인 노교수가 강의해야 한다는 말을 듣고 '아, 맞아!' 하는 심정이었다. 젊은 교수의 과욕이 수강생의 흥미를 잃게 했듯이, 상담자는 다른 무엇보다 내담자가 변화에 대한 의지나 동기를 잃지 않도록 속도나 강도를 조절하는 게 중요하다. 그렇다고 마냥 늘어지게 상담하면서 시간이나 노력을 낭비하는 일은 삼가야겠지만.

그러고 보면 나이가 들어간다는 점에는 미묘한 게 많다. 신체적으로는 쇠퇴해가지만, 연륜의 무게는 늘어나니 말이다. 그래서 젊으면 젊은 대로, 늙으면 늙은 대로 있는 그대로를 음미하며 살아가는 거지 싶다.

무언가를 배울 때는 지속성이 매우 중요합니다. 처음부터 너무 잘하려고 했다가는 지쳐 떨어지거나 싫증을 내고 맙니다. 그러니 자신이 소화할 수 있을 만큼만 하세요.

일거수일투족 모든 게
자신의 품격을 반영한다

슬리퍼를 보고 오래전의 일이 떠올랐다. 나는 슬리퍼를 신고 교실에 들어온 대학원생의 모습을 보고 교수로서 호되게 질타한 적이 있었다.

수업을 진행하고자 강의실에 들어갔는데, 어느 남학생이 슬리퍼를 신고 앉아 있었다. 그것을 본 나는 질색하며 어찌 된 일이냐고 물었다. 그러자 그는 당황하며 얼른 사과했다. 학생 조교로 사무실에서 편하게 슬리퍼를 신고 일하다 그만 갈아 신는 것을 깜빡 잊고 수업에 들어왔다고 설명

3장 인생의 후반부

했다.

사과 발언을 들었는데도 나는 그의 정신이 해이하다며 쓴소리를 했다. 슬리퍼란 사적 공간에서나 신는 것인데, 어떻게 수업을 들으러 오면서 방심할 수 있느냐며 꼬집었다. 그러자 내가 너무 집요하다고 여겼는지 어느 용감한 여학생이 사무실과 교실이 같은 건물에 있으니까 그럴 수도 있는 거 아니냐며 항의했다.

이런 말에 열받은 나는 슬리퍼란 실내에서나 신는 것으로 교수에 대한 예의도 아니고, 수업에 임하는 자의 태도로도 형편없다고 못 박았다. 그렇게 강경하게 말했던 취지는 그들이 혹시 다른 데 가서도 그런 격 떨어지는 태도를 보일까 걱정했기 때문이다.

나는 실내 밖으로 나갈 때 꼬박꼬박 신으로 갈아 신는다. 그 당시 내 수업을 들었던 대학원생 중 누구라도 내가 슬리퍼를 신고 다니는 것을 보면 뭐라고 생각하겠는가 해서 더 철저했다. 남에게 엄격하고 자신에게는 너그럽다면 얼마나 우스꽝스럽겠는가.

　나이가 제법 들어서인지, 아니면 워낙 많은 사람을 접하면서 마모된 덕분인지 나는 비교적 비난에 유연한 편이다. 마찰이 생겼을 때 그러려니 하고 물러서야 편하다는 것을 터득했다. 그러지 않고 요목조목 진위를 따졌다가는 문제를 키울 뿐이다. **정 거슬릴 때는 '너도 나이 들어봐라. 그렇게 빽빽거려서 될 일이 아니라는 것을 알게 될 것이다.'라고 읊조린다.**

　일거수일투족 모든 게 자신의 품격을 반영한다. 실제 생활에서 상대에 따라 응대 수준을 다르게 하는 것도 사실이지만, 그가 누구든 상관하지 말고 정성스럽게 처신했으면 한다. 자신의 족적은 전적으로 자신의 것이라고 믿는다.

사실, 다 거기서 거기인 게 사람이지 싶습니다. 그래봤자 별것 아닌 근소한 차이를 가지고 빡빡하게 굴면 인심이나 잃을 뿐 얻는 게 별로 없습니다.

평범함이 가진 가치에 대해 곱씹다

아침 산책을 할 때 유튜브를 통해 듣곤 하는 경전 중에서 이런 내용이 있었다. 어느 아름다운 숲에 부처님 일행이 머물게 되었는데, 그 숲의 아름다움을 찬탄하던 몇몇 제자들은 어떤 모습을 갖춘 분이라야 이러한 숲에 어울릴까 하고 궁금해했다. 그리하여 몇몇 제자들은 돌아가며 자신의 의견을 내놓아보기로 했다.

이때 학문에 조예가 깊었던 제자는 학식을 두루 갖춘 자라면 이런 숲에 머물 만하다고 말했고, 다른 이들은 훌륭한 견해라며 찬사를 보냈다. 또 다른 이는 한적한 곳에서 삼매三昧에 머물기를 잘하는 사람으로 언제 어디서고 마음 챙김에 열중하는 자라면 자격이 있다고 말했다. 그러자 다른 이들은 다 같이 좋은 견해라고 칭송했다. 또 어떤 제자는 계율을 철저히 지키며 검소하기로 유명했는데 그는 검약하게 사는 사람이라면 이런 숲에 살 자격이 있다고 했다. 이런 식으로 각 제자는 자신의 특색에 맞춰 중요하게 여기는 요소들을 아주 정교하게 언급했다.

마침내 각각의 견해를 나누던 제자들은 스승인 세존께서는 어떤 의견을 내놓으실지 궁금하다며 가서 한번 여쭈어보자고 했다. 그리하여 그들은 부처님에게 가서 좀 전에 나누었던 이야기를 하나하나 들려드렸고, 부처님께서는 각각의 견해를 들을 때마다 훌륭하다고 찬탄해주셨다. 마침내 제자들이 세존의 견해는 어떠냐고 여쭈었다.

그러자 부처님께서 의견을 피력하시는데, 그동안 제자

들이 말했던 내용에 비해 간단명료했다. 탁발을 마치고 돌아와 자리를 잡으며 깨닫기 전에는 일어서지 않겠다고 다짐하며 삼매에 드는 자는 이곳에 머물 만하다고 하셨다.

부처님께서 어떻게 말씀하실지 내심 귀를 쫑긋 세웠던 나는 '아, 역시!' 하고 감탄해 마지않았다. 특이하거나 어려운 것을 강조하는 게 아니라 누구나 할 수 있는 기본적인 자세를 확고히 하면 된다는 말씀이었다.

나는 평범함이 지닌 가치에 대해 곱씹었다. 젊은 시절에는 평범한 것은 진부하다며 좀 더 빼어난 것을 찬양하기도 했다. 하지만 이제는 평범함의 가치가 얼마나 소중한 것인지 알 것 같다. 평범해야 심신이 편안하고 다른 이들에게도 부담을 적게 주기 때문이다.

'기본'이라는 것은 누구나 쉽게 접근할 수 있는 보편성을 의미합니다. 다른 특이한 것을 발달시키기보다 기본을 충실히 다져두는 게 가장 중요한 근간임을 잊지 마세요.

요란 떨 것 없이 소박하게 산다

이른 새벽마다 안양천을 걷는 것은 큰 즐거움이다. 특히 비가 온 뒤에는 싱그러움이 온 천지에 퍼져 황홀할 정도다. 엊그제도 연이어 비가 내렸는데, 봄비치고는 제법 많이 내렸다.

5월의 싱그러움을 만끽하며 걷는데, 지렁이들이 나와 꿈틀거렸다. 그대로 두면 사람들의 발에 밟히거나 말라죽을 게 뻔해 나뭇가지나 풀 대공으로 그들을 길가 풀숲으로 밀어주다가 아는 분을 만났다.

그분과 함께 걸으며 새벽의 상쾌함이 좋아 좀 더 멀리 가보자고 했다. 그리하여 빗물 펌프장 근처를 걷는데, 펌프장과 개천을 잇는 평평한 시멘트 바닥에서 커다란 물고기 한 마리가 펄떡였다. 물이 차올랐을 때 그곳에 왔다가 미처 빠져나가지 못한 것 같았다.

"아이고, 저 물고기를 어떻게 살리지요?"

나의 말에 그분은 그곳을 내려다보더니 이렇게 대꾸했다.

"살리기 어렵겠는데요."

내가 보기에도 시멘트 바닥으로 내려가는 게 쉬워 보이지 않았다. 하는 수 없이 그냥 지나쳤지만, 곧 죽게 될 물고기가 계속 눈에 밟혔다. 아무래도 안 되겠다며 나는 그 어른께 먼저 가시라고 하고는 되돌아섰다.

그곳에 다시 가보니 불과 1~2분 지났을 따름인데 물고기는 기력이 다했는지 잠잠했다. 여전히 물고기가 있는 시멘트 바닥으로 내려가는 게 쉬워 보이지 않았다. 울타리를 넘어가기도 쉽지 않았고, 설령 넘어서 풀숲을 제치고 가도 경사가 심해 바닥으로 내려가는 게 위험해보였다. 주춤거리자, 지나가던 젊은 남자가 내 의도를 알아챘는지 고개를 흔들며 위험하다고 말했다. 그제야 정신이 들었던 나는 젊은 남자도 말리는 것을 나이 든 내가 막무가내로 내려갔다가는 자칫 일을 키울 수 있겠다 싶었다.

잠시 망설이던 나는 좀 전의 용기를 접고 발걸음을 돌렸다. 그러면서 "고기야, 잘 죽어서 부디 좋은 곳에 태어나거라!" 하고 간곡하게 빌었다. 발걸음을 돌려 다시 왔으나 정작 내가 물고기를 위해 할 수 있는 게 아무것도 없었다.

며칠 동안 찝찝한 마음이었다. 물고기로서는 생명이 오가는 절박한 상황이었는데도 나는 아무것도 해주지 못했다는 사실 때문이었다. 눈앞에서 죽어가는 생명체를 보면서도 어쩌지 못하는 나, 그러면서 뭘 그렇게 대단한 양 살았

느지…. 좀 더 진화된 존재 앞에서 나 또한 물고기처럼 순간의 실수나 방심으로 맥없이 죽어갈 수 있겠다는 생각에 한없이 작아지는 심정이었다.

뭐라고 표현하기 어려운 무력감에 휩감겼다. 정말이지 나대지 말고 묵묵히 살아야겠다. 요란 떨 것 없이 소박하게 살다가 때가 되면 겸손한 마음으로 조용히 퇴장해야겠다는 생각이 들었다.

심리학자의 한마디

어쩔 수 없는 상황이라면 얼른 받아들이고 각도를 달리해 긍정적으로 생각하시기 바랍니다. 그렇게 하는 것이 고통도 적고 더 생산적이니까요.

인생은 때때로 가뭄의 단비처럼 살맛 난다

나와 상담 형태의 만남을 오래도록 유지하고 있는 분이 있다. 딱히 고민되는 사안이 있어서가 아니라 환기 차원에서 대화를 이어가고 있다.

언제가 한번은 이토록 오래도록 상담을 받고 있다는 사실에 사모님은 어떤 반응을 보이느냐고 물었다. 그분이 대답하기를, 아내는 남편이 사업상의 이해관계를 떠나 나와 만나 이런저런 대화를 하며 환기하는 것을 긍정적으로 보는 것 같다고 했다. 다시 말해 상담을 남편의 생활 일부로 받아들이고 있단다.

현재 70대 중반인 그분은 오래전에 어느 단체에 1억 원을 기부했었다. 그러자 그분의 아내는 남편이 그동안 써왔던 돈 중에서 제일 보람 있게 쓰는 것 같다고 했다. 그런데 그 단체의 자금 상태가 취약해 그 후에도 1억 원을 더 기부했다고 했다.

며칠 전 그분은 그쪽 단체의 자금 흐름이 원활해지면 받기로 하고 추가로 보탠 돈이 5억 원 정도라고 했다. 그러니까 기부한 금액의 총액이 7억 원 정도 되었다. 그런데 얼마 전 사무총장직을 맡은 사람이 어느 재개발 지역에 투자해 얻은 시세 차익을 돌려주겠다고 제안했다. 그리하여 그분은 알았다고 했단다. 얼마 뒤 사무총장이 다시 말하기를, 그 시세 차익을 돌려주려면 그분의 이름으로 투자 금액에 대한 근저당 설정을 해야 한다고 하더란다.

집에 돌아와 이러한 이야기를 아내에게 말했더니, 아내

는 난색하며 그동안 당신이 어떻게 살아왔는데 당신 이름으로 근저당 설정을 하느냐고 했다. 그러면서 돈을 못 받는 셈 치는 게 낫다며 그렇게 하지 말라고 했다. 아내의 반응에 그분은 '아, 이 사람이 나를 이런 식으로 아껴주고 있구나!' 하는 마음이 들었단다. 이야기를 하는 내내 그분은 환하게 웃고 있었다.

나는 심장이 쿵쿵 뛰는 것을 느꼈다. 수많은 사람을 접해왔지만, 이 정도로 돈에 대해 산뜻하고 속 깊은 여성을 처음 보았다. 한두 푼도 아니고 5억 원이나 되는 거금을! 재벌에 가까운 거부라면 5억 원이 큰돈이 아니겠지만, 그리 큰 부자도 아닌 그분들에게는 상당히 큰 액수일 텐데도 말이다.

나는 그분과 헤어질 때 언제 한번 다시 나를 초대해 달라고 부탁드렸다. 저번에도 초대받은 적이 있었던 나는 한번 더 그 사모님과 담소할 기회를 얻고 싶었다.

돈이란 쓰기 위해 버는 것일 뿐만 아니라 써야 할 곳에 써야 빛이 나지, 아끼는 것만이 능사는 아니다. 이런 의미에서 남편의 위신을 지키기 위해 5억 원이라는 돈을 기꺼이 포기하는 그 사모님의 선택이야말로 현명하다고 할 수 있지 않을까.

오랜만에 경험하는 신선한 충격, 그래서 인생은 때때로 가뭄에 단비처럼 살맛 난다. 아무튼 요 며칠 동안 나는 그 사모님 덕분에 신바람을 내었다.

심리학자의 한마디

개같이 돈을 벌어 정승처럼 쓰라는 말이 있습니다. 그만큼 돈을 품위 있게 써야 한다는 것이니, 과연 돈을 쓸 만한 곳에 쓰고 있는지 잘 살펴봅시다.

잘 산다는 것은
무던하게 넘어가는 능력과 비례한다

오랫동안 알고 지내는 70대 중반의 지인이 있다. 전문직에 종사하다 퇴임한 지 5년을 맞이하는 그분은 글쓰기와 영어를 공부하러 다닌다고 했다. 그 나이에 영어를 배운다는 것에 의구심이 들어 무엇을 위한 것이냐고 물었다. 그러자 그분은 그냥 배우는 거라고 대답했다. 내가 갸우뚱한 표정을 짓자, 다시 설명해주었다. 돈이 필요한 처지에 있는 사람에게 그냥 돈을 주거나 받을 수는 없어 그런 걸 가르쳐 달라고 해 명분을 만들었다고. 딱히 용도가 있어서가 아니라 그들이 필요로 하는 돈을 주기 위해서 배운다니!

그분의 부인이 상당히 괜찮은 사람이라는 것을 익히 알면서도 나는 이렇게 물었다.

"사모님께서는 뭐라고 하세요?"

그분의 아내를 빗대어 물었지만, 사실 나라면 뭘 그렇게까지 하느냐며 말렸을 거라는 의미였다.

"그 사람은 내가 하는 것에 토를 달지 않지요. 그냥 그런가 보다 하고 일절 말하지 않으니까요."

나는 감동했고 그래서 이렇게 언급했다.

"역시 대단한 분이세요! 어떤 배우자를 만나느냐에 따라 삶의 질이 확 달라지지요?"

"그럼요. 내가 오늘날 이렇게 자유롭게 사는 것뿐 아니라 일찍이 홀로 되셨던 어머님을 지금까지 한 집에 모시고 살 수 있었던 것도 다 그 사람 성품 덕분이니까요."

그분과 헤어진 뒤에도 나는 그 사모님이라는 분의 인성

에 대해 생각했다. 그녀는 참으로 무던한 분이다. 남편이 어머니의 성격이 너무 강하다며 툴툴거리면 연세 든 분은 변하기 어렵다며 시어머니를 두둔했고, 성가신 일이 생기면 과보果報려니 여기며 묵묵히 해냈고, 출가한 자녀들이 마음 놓고 사회 활동을 할 수 있도록 손주들을 봐주는 등 주변 사람들을 도와주었다.

누구는 남편을 있는 그대로 봐주지 못해 평생을 다투고, 누구는 견딜 수 없다며 이혼해버려 자녀들을 희생시키기 일쑤다. 정말 봐주기 어렵거나 함께하기 어려운 대상이 있기도 하지만, 대개는 그러려니 하고 넘어가지 못하고 바득바득 자기가 원하는 대로 하려다 사태를 더 악화시킨다.

'잘 산다는 것은 그러려니 하고 무던하게 넘어가는 능력과 비례하는 게 아닐까' 하는 생각을 한다. 어차피 사람은 자기 수준이나 그릇대로 살지 그 이상으로 행동하지 않는다. 과하면 부작용을 일으키는 데도 많은 사람이 자기 뜻대로 밀어붙이지 못해 안달한다.

엄밀한 의미에서 우리는 서로 다른 객체다. 자기가 낳은 자식도 뜻대로 되지 않는데 다 커서 만난 배우자는 말할 것도 없다. 정말이지 이 세상에는 자기와 딱 들어맞는 사람이 하나도 없어 비위에 안 맞게 마련이다. 사람마다 수준도 다르고 성질도 다르고 기호도 다르다. 그러므로 다름을 인정하는 동시에 크게 어긋나는 게 아니라면 각자 본인이 하고 싶은 대로 내버려두는 게 가장 속 편하다. 다소 돌아가더라도 본인이 하고 싶은 대로 내버려두어야 관계가 손상되지 않는다.

아무튼 오늘도 나는 가까운 사람이 자기 뜻대로 행동하지 않는다고 속 터져 하는 내담자에게 그냥 봐주지 못하는 자신이 지나치게 고집스러운 것은 아닌지 성찰해보라고 일렀다. 세상의 모든 일은 결국 되어질 대로 되기 때문에 자칫 욕심을 부렸다가는 득보다 실이 더 크다.

심리학자의 한마디

상대를 존중하면 간섭이나 잔소리를 덜 하게 됩니다. 오늘도 내 뜻을 너무 고집하며 상대방을 꺾으려 하지 않았는지 살펴봅시다.

노년기에 접어들어서 발견한 행복

번번이 겪는 일이라 새삼스러운 것도 없지만 또다시 낭패감에 직면해야 했다. 그런데 이런 나를 보고 멋있다고 찬사를 보내는 사람이 있으니 세상일이란 참 묘하다.

내게 상담을 받는 청년이 침통한 표정으로 며칠 전 아버지가 폭력을 행사했다고 말했다. 성미가 급한 아버지가 영어 공부를 하라고 재촉했는데, 이것저것 알아보느라 얼른 착수하지 못했다고 한다. 그러자 아버지가 다짜고짜 폭발했다는 것이다.

몇달 전 아버지와 어머니 사이에 갈등이 생겨 이혼 위기까지 갔었는데 이런 일을 어머니가 알면 또다시 집안에 극심한 격랑이 생길 게 뻔했다. 그리하여 그는 가족에게 아무런 말도 하지 않았다. 그러한 말을 들으며 나는 고개를 끄덕이며 속 깊은 그를 기특하게 여겼다.

그 청년이 5박 6일에 걸쳐 진행하는 집단상담에 참석하게 되었다. 그는 좀처럼 입을 열지 않은 채 앉아 있었고, 누가 말을 시키면 습관적으로 미적댔다. 함께 작업하는 철쭉 님은 이런 그를 보고 영락없이 기가 팍 죽은 사람의 모습이라고 했다. 나도 어느 정도 동의하는 한편 그래도 그에게 속 깊은 면이 있다고 하면서 아버지에게 맞았던 사안을 언급했다.

철쭉 님은 나의 말을 듣고 깜짝 놀라며 지금 나이가 몇

살인데 아버지에게 맞느냐고 의아해했다. 다 자란 아들을 때리는 아버지도 용납할 수 없고, 그 나이에 맞고 사는 아들도 이해할 수 없단다. 철쭉 님은 그 청년을 향해 그런 사건은 그냥 넘기는 게 아니라며 정당하게 아버지에게 항의하라고 거듭거듭 당부했다. 그뿐만 아니라 집에 돌아가는 대로 아버지에게 어떻게 말할지에 대해 하나하나 구체적으로 일러주었다.

청년은 시들었던 풀에 생기가 돌 듯 얼굴을 펴기 시작했다. 그러더니 집에 돌아갈 때까지 기다리는 것도 힘든지 쉬는 시간에 전화로 아버지에게 항의하는 말을 했다. 그 아버지는 아들이 그렇게 나올 줄 몰랐는지 한참을 가만히 있다가 미안하다는 사과 발언을 하더란다.

과정을 지켜보며 난감해진 사람은 바로 나였다. 상담자인 나는 그의 울분을 화끈하게 풀어주기보다는 속이 깊다며 도리어 억압했다. 그런데 철쭉 님은 폭행이란 어떤 상황에서도 있을 수 없는 일이라며 그가 분연히 일어서기를 촉구했다. 내가 취했던 태도와는 정면으로 충돌했다.

백기를 들 수밖에 없는 부끄러움에 나는 철쭉 님으로 인해 장차 내가 어떻게 먹고살지 막막하다고 웃으며 부족함을 실토했다. 그러자 내 말이 채 끝나기도 전에 참석자 중의 한 사람이 "장 교수님이 자유로워 보여 정말 멋지십니다." 하고 찬탄하는 게 아닌가. 그러자 다른 사람들도 동조한다는 식으로 고개를 끄덕였다.

나로서는 낭패감을 실토했는데, 도리어 자유로워 보여 멋지다니! 무슨 의미인지는 알겠는데 과찬인 것 같아 민망했다. 어쨌든 나는 거의 반사적으로 그 청년의 표정을 바라보았는데, 그는 무표정하게 앞만 바라보았다.

오늘날 많은 사람들이 상담에서 원하는 것은 과거의 상처를 보듬어주거나 희석해주기보다 현재의 당면한 난제를 푸는 데 도움을 받는 거다. 하지만 현실의 살아 있는 사안을 다루려면 폭넓은 상식, 안목, 배포 등을 갖추어야 하는데 다분히 교과서적인 나는 온갖 변수가 난무하는 현실 앞에서 번번이 나가떨어지곤 한다.

특히 상담은 이론 분야가 아니라 응용 분야이기 때문에 내담자의 요구에 부응해야 한다고 믿는다. 이러한 이유로 나는 연실 나동그라지면서도 역량을 키우고자 애쓰고 있다.

낭패감을 맛본다는 것은 부족함을 발견한다는 의미다. 노년기에 들어서서도 지루할 사이 없이 번번이 발견하는 나의 부족함 앞에서 혁하는 심정을 금할 길이 없지만 이것은 발전을 시사하는 것이기도 하니 어찌 보면 남다른 행복이지 않을까 한다. 더구나 어쭙잖게 멋있다는 찬사를 받기까지 하니 말이다.

심리학자의 한마디

자신의 부족함을 발견했을 때는 너무 실망하지 마세요. 바로 그러한 발견을 통해 한 걸음씩 도약하는 것이니까요. 그리고 부족함을 순순히 인정하면 도리어 사람들은 용기 있다고 좋아해주기도 합니다.

진정한 어른이 되기 위한 55가지 인생 수업

나는 현명하게 나이 들고 싶다

펴낸날 초판 1쇄 2023년 12월 1일 | 초판 3쇄 2024년 6월 25일

지은이 장성숙

펴낸이 임호준
출판 팀장 정영주
책임 편집 김경애 | **편집** 김은정 조유진
디자인 김지혜 | **마케팅** 길보민 정서진
경영지원 박석호 유태호 신혜지 최단비 김현빈

인쇄 (주)상식문화

펴낸곳 비타북스 | **발행처** (주)헬스조선 | **출판등록** 제2-4324호 2006년 1월 12일
주소 서울특별시 중구 세종대로 21길 30 | **전화** (02) 724-7637 | **팩스** (02) 722-9339
인스타그램 @vitabooks_official | **포스트** post.naver.com/vita_books | **블로그** blog.naver.com/vita_books

ISBN 979-11-5846-405-9 03190

비타북스는 독자 여러분의 책에 대한 아이디어와 원고 투고를 기다리고 있습니다.
책 출간을 원하시는 분은 이메일 vbook@chosun.com으로 간단한 개요와 취지, 연락처 등을 보내주세요.

비타북스는 건강한 몸과 아름다운 삶을 생각하는 (주)헬스조선의 출판 브랜드입니다.